l' AB

Cigare

Éric Deschodt

Flammarion

Le havane, depuis près de deux siècles, est considéré comme le prince des cigares. Cuba y a gagné une renommée mondiale. En quoi le havane est-il un cigare exceptionnel ? Quels sont les autres pays du cigare ?

Par sa forme, sa taille, sa couleur, sa saveur, chaque cigare dispense un plaisir unique. Dès lors, quel cigare faut-il choisir ? Comment le fumer dans les règles de l'art ?

Qu'il s'agisse de le condamner ou bien de le vanter, c'est toujours avec passion que l'on évoque le cigare. Qui furent ses principaux adeptes de par le monde ?

COMMENT L'**ABC***daire* Y RÉPOND...

Le guide de l'abécédaire p. 6

Il explique comment comprendre le cigare en regroupant les notices de l'abécédaire selon trois perspectives. Un code de couleurs indique le genre de chaque notice :

■ Les variétés :
les origines,
les caractéristiques.

■ La pratique :
la fabrication,
la dégustation.

■ Le contexte :
l'histoire,
le commerce,
les amateurs.

Au fil de ces notices, et grâce aux renvois signalés par les astérisques, le lecteur voyage comme il lui plaît dans l'abécédaire.

L'abécédaire p. 31

Par ordre alphabétique, on trouvera dans ces notices tout ce qu'il faut savoir pour entrer dans l'univers du cigare. L'information est complétée par les éclairages suivants :
- des commentaires détaillés sur les principaux pays producteurs de cigares ;
- des encadrés qui insistent sur les notions essentielles.

Le Cigare raconté p. 11

En tête de l'ouvrage, une synthèse reprend l'articulation du guide de l'abécédaire en développant chacun de ses thèmes.

I. CULTURE ET SAVOIR-FAIRE

A. Les pays du cigare

Le pays du cigare, c'est Cuba. Le terroir est exceptionnellement favorable à la culture des meilleurs tabacs. Il n'en reste pas moins que, près d'un siècle après sa découverte par les Européens, le tabac est désormais cultivé dans le monde entier et Cuba a perdu l'exclusivité du cigare. Autres pays, autres saveurs, l'univers du cigare s'en est trouvé enrichi.

- *Asie du Sud-Est*
- *Brésil*
- *Cru*
- *Cuba*
- *États-Unis*
- *France*
- *Honduras*
- *Implantation*
- *Italie*
- *Manille*
- *Saint-Domingue*
- *Vuelta Abajo*

B. L'art de rouler

À Cuba, la fabrication du cigare est exemplaire. Le respect de la tradition préserve toute sa saveur au havane. La Escogida célèbre l'instant où la feuille de tabac s'affranchit des soins du cultivateur pour gagner les mains expertes des écôteuses et des rouleurs.

- *Boîte*
- *Cigarier (ère)*
- *Composition*
- *Culture*
- *Écotage*
- *Escogida*
- *Fabrication*
- *Fagotage*
- *Fermentation*
- *Finca*
- *Hygrométrie*
- *Mélange*
- *Outil*
- *Plant*
- *Roulage*
- *Secret*
- *Stockage*

II. LA PASSION DU CIGARE

A. Fumer une vitole

Comment ne pas gâcher son plaisir ? L'art de fumer le cigare débute par le choix du module. Couleur, format, saveur, etc., le cigare mobilise tous les sens. Savoir conserver, apprêter et associer un cigare permettra d'en apprécier toute la subtilité.

■ *Accessoires*	■ *Conservation*	▩ *Prix*
■ *Alcool*	■ *Couleur*	▩ *Santé*
■ *Allumage*	■ *Format*	■ *Saveur*
■ *Cendre*	■ *Fumée*	■ *Tirage*
■ *Choisir*	■ *Gastronomie*	■ *Vitole*
▩ *Combustion*	■ *Module*	▩ *Vocabulaire*

B. L'image du cigare

De tous les amateurs de tabac, le fumeur de cigare est le plus critiqué : capitaliste, arrogant, pollueur, les clichés ont la vie dure. Il y a bien sûr des goujats incorrigibles, mais le véritable amateur de cigare n'est pas une caricature, c'est un « gourmet », voire même un épicurien.

▩ *Amateur*	▩ *Cinéma*	▩ *Littérature*
▩ *Anti-tabac*	▩ *Dandy*	
▩ *Carmen*	▩ *Femme*	
▩ *Churchill (Winston)*	▩ *Image*	

III. L'AVENTURE DU CIGARE

A. De Colomb à Castro

Les indiens Arawaks arboraient déjà, lorsqu'ils croisèrent Colomb, d'incroyables « cônes » de tabac, ancêtres éminents du délectable *puro* qui sera conçu en Espagne trois cents ans plus tard. Le havane, prince des cigares, n'acquit ses lettres de noblesse qu'au XIXe siècle.

Découverte	■ *Havane*	■ *Pays-Bas*
Étymologie	■ *Manufacture*	*Séville*
Fumoir	*Marin*	*Thevet (André)*
La Havane	*Nicot (Jean)*	

B. La suprématie du cigare

Compte tenu de la prééminence de Cuba en matière de cigare, la révolution de 1959 eut des conséquences directes sur les habitudes des fumeurs. Marques, références, négociants… le commerce du cigare faillit bien disparaître dans cette apothéose des passions. En fait il en sortit renforcé.

■ *Cigarillo*	■ *La Escepion*	*Révolution*
■ *Bague*	■ *Marque*	■ *Romeo y Julietta*
Davidoff (Zino)	■ *Montecristo*	■ *Sceau*
Dunhill (Alfred)	■ *Numéro*	*Seita*
Gérard Père & Fils		

LE CIGARE RACONTÉ

Composé exclusivement de feuilles de tabac, à la différence du cigarillo* qui comprend du tabac haché, le cigare tel qu'il est fumé aujourd'hui est né en Espagne en 1731 ; un siècle plus tard étaient créées à La Havane* toutes les marques* qui feront sa renommée. Le cigare connaît son apogée en Europe au milieu du XIXe siècle, mais il sera supplanté par la cigarette entre les deux guerres mondiales. Considéré encore comme un produit de luxe, il tend ces dernières années, comme la gastronomie*, à se répandre dans toutes les couches de la population. Il existe une infinité de *puros*, certains, au sommet de la hiérarchie, étant comparables à de grands crus* vinicoles ; il en existe surtout pour tous les goûts et pour tous les instants.

I. Culture et savoir-faire
A. Les pays du cigare

Le tabac est une plante tropicale originaire d'Amérique. Découverte* par les Européens au XVe siècle, sa culture* s'est développée très rapidement sur tous les continents, excepté l'Afrique. Moins d'un siècle plus tard, elle était implantée* dans le monde entier, en Amérique bien sûr, mais aussi en Asie* et en Europe, importée par les navigateurs espagnols, portugais, français, hollandais... Pourtant, pour tous les amateurs de cigares, la patrie du tabac reste Cuba*. C'était déjà le cas au XVIIe siècle, ça l'est toujours aujourd'hui. Cuba possède les meilleurs crus tabacoles du monde, concentrés autour de la ville de Pinar del Rio - la Pinède du Fleuve - dans l'ouest de l'île, sur les quarante mille hectares de la Vuelta* Abajo. Le climat et le sol y offrent une combinaison idéale, permettant de produire des feuilles d'une qualité exceptionnelle, inégalée malgré toutes les tentatives en ce sens. Dès le XVIe siècle, notamment sous l'impulsion des Espagnols et des Portugais, la culture du tabac s'était répandue dans toute la région. Aujourd'hui, toujours dans les Grandes Antilles, la République dominicaine se distingue par la qualité d'une production en rapide expansion. Au Brésil*, grande puissance tabacole, c'est l'État de Bahia qui est le plus ancien et le premier producteur du pays ; il est réputé pour ses tabacs noirs. Tous les États d'Amérique Centrale cultivent également le tabac. Le mieux placé est le Honduras* ; au Mexique, les plantations sont réparties essentiellement dans le Yucatan. Plus au nord, les États-Unis* reste le premier producteur de cigares au monde, les grandes régions tabacoles étant les deux Carolines et la Virginie ; les tabacs américains sont des tabacs doux, toujours aromatisés.

La culture du tabac ne se limite toutefois pas aux Amériques. En Asie, c'est en Birmanie, aux Philippines et dans l'archipel de la Sonde - l'Indonésie actuelle - qu'elle s'est le mieux implantée, grâce aux Espagnols, aux Hollandais et aux Portugais, premiers Européens à fréquenter ces latitudes puis à s'y établir. En Europe, seuls les pays du sud, l'Espagne, la France*, dans la région de Bergerac, l'Italie*, en Toscane, et les Balkans cultivent encore le tabac. Tous ces pays produisent également des cigares.

B. L'art de rouler

Le tabac a d'abord besoin pour croître de chaleur et d'humidité (la pluie est son ennemie). Le taux d'hygrométrie* convenable avoisine les 80 %. À Cuba et dans les pays de langue espagnole, les planta-

Champ de tabac, Cuba.

tions s'appellent *fincas**. Les graines sont semées en pépinières en septembre ; les plants* sont repiqués en octobre ; la cueillette s'échelonne de janvier à mars. Les feuilles sont cueillies une à une, en plusieurs fois, selon leur degré de maturation.

A priori, fabriquer un cigare peut sembler simple. Pourtant, le *puro* est le fruit d'une savante alchimie. Il se compose* en effet de trois parties, la cape, la sous-cape et la tripe. Chacune d'entre elles correspond à des feuilles aux caractéristiques différentes. Il existe les plantations des feuilles de cape et celles des feuilles de tripe. Une feuille peut être de force très différente, selon sa position le long de la tige, selon le degré d'exposition au soleil, selon le moment où elle a été cueillie. C'est à tous ces détails que doivent s'attacher les planteurs. Avant de vendre leurs feuilles aux fabricants, ils devront les trier, les

Manufacture de cigares, Cuba. Photographie d'Henri Cartier-Bresson, 1982.

sécher*, et leur faire subir une première fermentation*. Les feuilles seront présentées aux acheteurs des fabriques lors de la fête du choix, ou Escogida*.

Une fois qu'elles ont été sélectionnées, elles subissent une deuxième et souvent une troisième fermentation. Puis la fabrication* commence par l'écôtage*, ablation de la nervure centrale de la feuille. Elle se poursuit par le mélange* de feuilles de provenance et de qualité diverses qui donnent au cigare sa personnalité. Étape primordiale, puisqu'elle est garante de la future saveur de la vitole*, cette phase est suivie de la fabrication proprement dite. Les mélanges de feuilles écôtées sont alors confiés aux rouleurs*, armés d'une chavette. Les cigares roulés sont liés en fagots*, stockés* dans des meubles en cèdre pour une phase supplémentaire de maturation, avant leur mise en boîte*. Mais, de la récolte au stockage, la fabrication des cigares s'entourera toujours d'un certain secret* : un grand havane est unique, et sa « recette », au grand jamais, ne sera divulguée.

II. La passion du cigare
A. Fumer une vitole

On ne fume pas le même cigare à toute heure du jour, même si avant tout autre critère, seuls importent le plaisir et le désir du fumeur. Certaines vitoles sont du matin, d'autres du soir, d'autres d'après-repas. Il y en a de légères et de rassasiantes. Certaines sont plus longues à fumer que d'autres. Il faut disposer d'une heure au moins pour fumer un vrai cigare, les plus grands peuvent en demander deux.

Fumer le cigare commence par son choix*, lequel n'est pas toujours aisé. Il n'existe pas seulement un grand nombre de marques mais aussi, au sein de chaque marque, des modules* qui diffèrent par la taille, la forme, et le poids. Chacun possède ses caractéristiques propres. Tout cigare est défini par son origine, autrement dit son cru, sa couleur* extérieure, dont ne dépend en aucun cas la force de l'ensemble, sa saveur*, déterminée par les tabacs, aromatisés ou pas qui le composent, son prix* enfin. La rareté d'un *puro* dépend de son origine, les grands crus tabacoles sont peu étendus et leur production

Double page suivante : Philippe-Jacques Linder, *Le Train de plaisir*, fin du XIXe siècle. Gravure. Paris, Carnavalet.

limitée ; les cigares qui en viennent sont faits à la main, ce qui ajoute à leur prestige mais aussi à leur coût. Les impôts font le reste, qui est le principal. Les meilleurs cigares, les plus riches, les plus suaves, les plus aromatiques sont les havanes* en provenance de Cuba. Tous les autres devant eux, sont ou plus durs, ou plus âcres, ou plus fades, sans pour autant que ces différences constituent des défauts. Tous les goûts sont dans la nature. Ils sont aussi moins chers.

Le cigare une fois choisi, il faut l'inciser, c'est à dire lui ouvrir la tête pour pouvoir en aspirer la fumée. Toute une gamme d'accessoires* a été inventée pour y parvenir proprement. L'allumage* suit cette incision, opération délicate où ne doivent intervenir que des flammes sans odeur. La régularité de la combustion* et beaucoup de son agrément en dépendent. L'allongement de la cendre* gris-bleu, très homogène, d'un cigare qui tire bien est souvent pour le fumeur un plaisir supplémentaire. Faut-il la secouer ou la laisser tomber d'elle-même dans le cendrier ? Voilà un débat dont la fin n'est pas pour demain. La fumée* du cigare est un objet de contemplation infinie qui procure l'apaisement et la bienveillance au fumeur. Il y oublie ses soucis. On peut fumer à toute heure du jour, mais un cigare n'est jamais meilleur qu'après un bon repas ; cigare et gastronomie sont inséparables, les grands tabacs et les grands alcools* s'exaltent mutuellement et leur alliance apporte à beaucoup d'amateurs* un plaisir suprême. Des rapprochements qui auraient longtemps paru insolites, de grands cigares et de grands vins, étendent la gamme des satisfactions toujours raffinées où le cigare est impliqué. D'ailleurs, comme un bon vin, un bon cigare évolue, et parfois n'atteint la perfection qu'après plusieurs années de conservation*. Aujourd'hui, les dégustations combinées se multiplient, et le vocabulaire* des spécialistes est presque aussi étendu que celui des œnologues et des sommeliers.

Fumer, on ne le sait que trop, est nuisible à la santé*. Mais fumer le cigare est la moins nuisible des façons de fumer, car sa fumée ne s'avale pas et le taux de nicotine des tabacs qui constituent les cigares de qualité - notamment les havanes - est très bas.

B. L'image du cigare

Il y a deux images* du cigare, la bonne, qui est la vraie, la mauvaise, qui est fausse. Commençons par la dernière. Pour le public qui l'ignore, le cigare est non seulement l'apanage du nanti, mais aussi d'un nanti provocateur, égoïste et arrogant. Provocateur par l'ampleur ostentatoire de ce qu'il fume, égoïste par les flots de fumée dont il inonde autrui, arrogant par l'étalage d'un objet que le com-

mun des mortels estime ne pouvoir s'offrir. Il faut ramener ces trois griefs à de plus justes estimations. Un cigare est beaucoup moins ostensible que bien d'autres attributs plus répandus dans la société, les caleçons longs par exemple qui moulent tant de fessiers féminins sont bien plus remarquables et provoquent à bien davantage. L'égoïsme dépend de l'entourage ; certes il est très malséant d'enfumer ses proches, mais la plupart des fumeurs de cigare s'en gardent soigneusement (cela n'est pas un compliment n'étant que la moindre des choses). Quant au jugement que le cigare est hors de prix et que son usage insulte à la modestie du niveau de vie général, c'est le plus subjectif des arrêts. Un bon havane se paie le même prix qu'une

place de cinéma. L'image du cigare n'est même pas sa caricature, elle est le contraire de ce qu'il est : l'agent d'un plaisir rare, convivial et pacifique.

Le cigare a toujours suscité des passions. Populaires et élitistes. Les premières ont pour théâtre l'Amérique tropicale, la Birmanie, les Philippines, où des millions d'amateurs le fument depuis des siècles, sans s'imaginer pour autant le sel de la terre, dans le plus démocratique des anonymats. Les secondes sont occidentales et surtout européennes. Le *puro* ne s'y est répandu qu'au début du XIXᵉ siècle, chargé d'un prestige exotique, denrée lointaine et de prix. Les raffinés des deux bords de la Manche, dandys* britanniques et français, lui conférèrent pour s'en parer des lettres de noblesse, le célébrant sur tous les tons pour mieux se célébrer. Les romantiques, Byron en tête, en firent l'attribut du caractère et du talent. Le cigare envahit le roman, genre bourgeois par excellence d'un temps qui scelle le triomphe de la bourgeoisie, de Balzac à Proust. Le colonel Chabert du premier, revenu miraculé d'Allemagne, ne songe qu'à s'offrir des cigares avec le premier argent dont il dispose. Le baron de Norpois du second, jette avenue du Bois son havane à peine allumé pour saluer une femme. Le cigare, dira Jules Sandeau, est « inséparable de toute vie élégante ». Des femmes* s'y mettent, dont George Sand reste la plus connue. Carmen*, héroïne de Mérimée avant de l'être de Bizet, est cigarière*. Les bagues*, inventées pour identifier les havanes, sont détournées de ce but premier pour glorifier les personnages qui les fument et les font imprimer à leur nom, voire à leur effigie. La tête de Bismarck, celles de moindres seigneurs décorent des *puros*. Voilà le cigare accolé au pouvoir. Peu à peu la caricature confond cigare et capitaliste, havane et puissance, barreau de chaise – ainsi nomme-t-on les cigares dont le format* est le plus imposant – et rapacité. La fausseté de cette symbolique est totale. Churchill* jouera ce jeu truqué avec un succès inégalé. Son ami Kipling – par humour ? – place le cigare plus haut que la femme.

Le cinéma* s'empare de cette image et la renforce. Le milliardaire odieux fume souvent le cigare. Orson Welles n'est pas odieux, mais il est colossal et vit dans la démesure, on admet le barreau de chaise qu'il a sans cesse à la bouche, on s'étonnerait de son absence. Le dernier des grands personnages à s'être prêté à cette comédie fut Fidel Castro. Tant qu'il fuma, ce fut le cigare. Vingt fois, il promena autour du monde des modules considérables et fut tant le père de la révolution* que du Cohiba. Mais, représentant Cuba, il aurait eu toutes les raisons d'en faire encore bien davantage.

Fidel Castro, Cuba, 1964. Photographie d'Elliott Erwitt.

Double page suivante : Christen Schjellerup Købke (1810-1848), *Le Marchand de cigares*. Paris, Louvre.

21

III. L'aventure du cigare
A. De Colomb à Castro

L'histoire du cigare a plus de cinq cents ans. Il fut découvert en même temps que le tabac et l'Amérique, à Cuba, par Christophe Colomb, en 1492. Les Indiens le fumaient depuis toujours dans toutes les Antilles et les terres chaudes du continent américain, du Mexique au sud du Brésil actuel. Les marins* des diverses expéditions qui se succédèrent dans ces parages le firent connaître en Europe, la péninsule Ibérique – découverte oblige – étant touchée la première. La France fut l'un des premiers pays d'Europe, avec l'Espagne et le Portugal à connaître le tabac. Il y fut introduit par un moine cordelier, André Thevet* qui l'apporta du Brésil et l'appela angoumoisine, en hommage à sa ville d'Angoulême. Mais ce fut d'abord la pipe qui s'imposa. Maîtresse de Cuba, l'Espagne établit un monopole sur le commerce et la transformation du tabac et choisit Séville* – porte des Indes occidentales – pour traiter les feuilles importées de son empire. On y fabrique d'abord de la poudre à priser, et à partir de la fin du XVIIᵉ siècle des cigares. L'usage du cigare jusque-là confiné dans les Antilles, les terres fermes de l'Amérique tropicale, et, cas singulier, en Birmanie, se répand dès lors en Espagne. Tandis qu'à Cuba les plantations s'étendent : au XVIIIᵉ siècle, La Havane obtient de Madrid l'autorisation de transformer une partie du tabac de l'île. Les premières fabriques ouvrent leurs portes, mais c'est à Séville qu'est inventé le *puro* tel que nous le connaissons, composé exclusivement de tabac, le cigare étant autrefois enveloppé dans les feuilles d'autres végétaux. Sous l'Empire, au XIXe siècle, la guerre d'Espagne va précipiter la reconnaissance du cigare cubain : les armées britannique et française qui s'affrontent dans la péninsule vont prendre goût au cigare de Séville et le répandre dans toute l'Europe. L'expansion du cigare est alors irrésistible. Les dandys s'en emparent et le mettent à la mode. On construit des fumoirs* partout. À Cuba, les premières marques apparaissent en 1810. Elles ne cesseront de se multiplier durant tout le siècle ; de même, les manufactures. Le cigare de Cuba prend le nom de havane. Sa prééminence est absolue. Il rafle toutes les médailles dans les expositions dites universelles qui ponctuent jusqu'à la Grande Guerre les progrès du commerce international, éclipsant les produits concurrents des Caraïbes, du Brésil, des Philippines, pour ne rien dire des cigares industriels fabriqués par milliards à la machine aux Pays-Bas*, en Allemagne, en Belgique, aux États-Unis... Aujourd'hui, la consommation de ces cigares industriels a régressé ; celle du havane et des cigares de Saint-Domingue*, tous deux fabriqués à la main, selon les mêmes procédés, ne connaît d'autre limite que les productions de tabac des territoires dont ils sont issus.

B. La suprématie du havane

La commercialisation du cigare est affaire de marques. Il s'agit dans ce domaine d'imposer un nom par la qualité et la singularité de ce qu'il recouvre. Un exemple a contrario très frappant fut donné par

Fidel Castro lorsqu'il décida peu après sa prise du pouvoir de suppri-
mer toutes les marques de havanes – souvenirs du capitalisme – au
profit d'un nom unique de cigare populaire. Le résultat fut instan-
tané : les exportations de havanes s'effondrèrent. Pragmatique, Castro rétablit très vite les appellations anciennes qui avaient fait la
gloire du havane dans le monde entier. La désorganisation de la production qui avait suivi la révolution cubaine en 1959 était certes res-

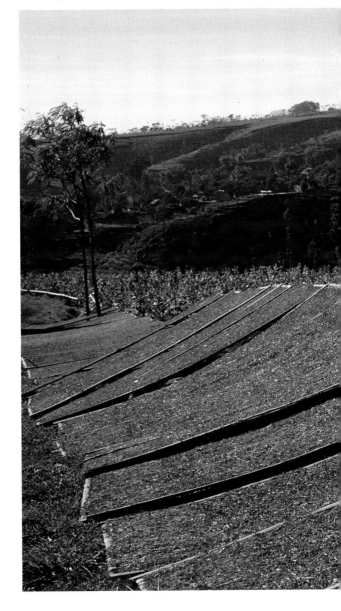

ponsable d'une baisse de qualité à laquelle il fallut plusieurs années pour remédier mais la disparition des noms connus des amateurs l'avait rendue plus sensible, la soulignant par défaut. Toutes les anciennes marques ne sont pas revenues sur le marché – Henry Clay, par exemple, l'une des plus fameuses, est restée au purgatoire – mais Habanos SA, la société d'État responsable des exportations de havanes, propose des Bolivar, des Montecristo, des Partagas, des

Séchage du tabac, île de Java.

Punch, des Romeo* y Julieta, des Sancho Panza qui sou-
tiennent la comparaison avec les *puros* vendus sous ces
marques avant la révolution. Fidel Castro s'est si bien per-
suadé de la valeur des marques, qu'il a décidé et suivi le
lancement du Cohiba, dans le but avoué d'en faire le
meilleur cigare du monde. Il l'est pour certains, pour
d'autres, c'est moins sûr ; pour tous, il reste excellent.

Après les marques, les marchands occupent une place
essentielle dans la commercialisation du cigare. Les grands
marchands ne font peut-être pas les grands cigares, mais ils
les font connaître. Dunhill* à Londres, Davidoff* naguère,
et Gérard* aujourd'hui, à Genève, ont perpétué ou perpé-
tuent la tradition du connaisseur passionné par ce qu'il
vend autant que par sa vente. En France, la Seita* a perdu
son vieux monopole d'importation de tous les tabacs ; elle
n'en maintient pas moins des liens étroits avec Cuba,
échangeant avec La Havane des contrats d'assistance contre
des garanties d'approvisionnement ; de même en Espagne,
la Tabacalera.

Si pour les Français, les Espagnols, les Britanniques et bien
d'autres, le havane reste le prince des *puros*, il n'en reste pas
moins que dans certaines régions du monde, comme les
États-Unis ou l'Europe du Nord, il est très peu commer-
cialisé et fumé, au profit de cigares d'un tout autre goût.

Éric DESCHODT

Louis Armstrong, Billy Kyle et Gerry Mulligan,
New York, 1958. Photographie de Dennis Stock.

ACCESSOIRES : LE COUPE-CIGARE ET L'ÉTUI

A priori, fumer le cigare ne nécessite que du feu. La tête – l'extrémité arrondie et fermée à la colle végétale – s'ouvre très bien à l'ongle ou d'un coup de dent : ainsi procèdent les Cubains et beaucoup d'amateurs* confirmés dans le monde. Le coup de dent, toutefois, ne se pratique aisément que dans les zones tropicales, dont l'humidité conserve au tabac une souplesse parfaite. Dans des atmosphères plus sèches, on utilise parfois un instrument spécifique, pour ne pas abîmer le cigare. Ce coupe-cigare peut prendre diverses formes. Se présentant comme un très petit canif bien affûté, il laisse au fumeur la liberté de pratiquer l'ouverture qui lui convient, la surface variant selon le tirage* souhaité, lent ou rapide. Les ciseaux, à lames incurvées et biseaux très doux, risquent moins que d'autres lames d'abîmer la cape*, car leur action s'exerce en même temps sur toute la section. Il existe aussi des guillotines de table et divers modèles de guillotines de poche. Quant aux coupe-cigares en forme de dièdre, qui pratiquent une entaille en V, les connaisseurs les récusent, car sauf affûtage parfait, ils abîment la tête du module*. Les tarières à vis, dont le résultat était

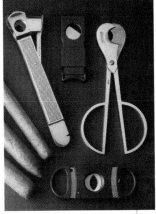

pourtant excellent, ont aujourd'hui complètement disparu. Pour améliorer le tirage, on a inventé en outre des lancettes, qui peuvent plonger de plusieurs centimètres dans la tripe et n'améliorent rien du tout car il faudrait percer le cigare sur toute sa longueur pour obtenir l'effet recherché. Le plus utile des accessoires reste l'étui à cigares, garant d'une bonne conservation*. Si à Cuba*, l'hygrométrie* est telle qu'elle permet de porter ses *puros* en vrac dans une poche, il n'en est pas de même en Europe, où malgré la qualité des *humidors* – ou humidificateurs –, le cigare peut éventuellement se dessécher, ce qui occasionne alors des décollements, des effritements, voire des cassures.

Alcool

Le cigare et l'alcool ont toujours fait bon ménage. Les Cubains et les marins* l'ont toujours associé au rhum. En Europe, on a depuis longtemps reconnu l'intérêt de rapprocher le cigare et l'alcool, leur alliance multipliant les plaisirs de l'un et de l'autre. Armagnac, calvados, cognac, marc, prune, whisky, et eaux-de-vie l'accompagnent à merveille. Plus récente est la découverte qu'il en est de même pour les grands vins. Zino Davidoff*, le grand marchand de Genève, eut l'idée d'associer ses havanes aux noms de grands bordeaux et de Dom Pérignon.

Car le havane* se marie à la perfection non seulement avec les grands alcools mais également avec les meilleurs vins. Les médiocres quant à eux ne souffrent pas l'association, le cigare accentuant, par sa puissance et sa richesse le pauvre caractère de ces spiritueux. Aujourd'hui, grâce au retour de la gastronomie*, se multiplient les dégustations combinées de cigares et d'alcools, de cigares et de vins, avec expertises à l'appui, qui ajoutent au plaisir l'attrait d'une science. Rappelant à chaque esthète que la rencontre des grands crus* du cigare et de l'alcool est toujours triomphale.

À gauche :
États-Unis, 1938.

Double page
suivante :
Édouard Manet,
Stéphane Mallarmé,
1876.
Paris, Orsay.

Club
des amateurs
de havanes, Paris.
Photographie
de Léonard Freed.

Allumage

L'allumage est bien un moment crucial de l'art de fumer le cigare. Les grands cigares sont composés* et roulés* de telle sorte que le tirage* en soit le plus constant et le plus facile possible. Mais mal allumé, le meilleur cigare se fumera mal. Le front de combustion* doit consumer le tabac à la même vitesse en chacun de ses points sur toute la section du module*. Pour cela, il faut allumer un cigare sur toute la section et tirer ce faisant plusieurs bouffées assez rapprochées. Les premières bouffées ne sont d'ailleurs pas les meilleures, le cigare ne dégageant tout son arôme que réchauffé par le feu même qui le détruit. La flamme utilisée pour l'allumage doit être vive et sans odeur, quelle que soit sa source – les allumettes soufrées et les briquets à essence sont des accessoires* à proscrire.

Auparavant, des préjugés interdisaient de laisser son cigare s'éteindre et de le rallumer ; ces interdits connaissent aujourd'hui le sort qui attend toutes les oppressions, ils sont anéantis. Le fumeur, le cœur léger, peut ainsi suivre son inspiration et ne pas se maudire d'une distraction passagère.

Amateur

En Europe, un siècle de caricatures a déformé jusqu'au non-sens l'image* du fumeur de cigares. Le cigare fut longtemps l'attribut automatique du capitaliste affameur, au point qu'aujourd'hui encore, certains amateurs cherchent à dissimuler leur passion. André Bergeron lui-même, ex-patron de Force Ouvrière, gros fumeur de havanes*, se défend d'en fumer beaucoup et assure qu'un bon nombre lui sont offerts.

Les hommes politiques prennent souvent soin de ne pas fumer le cigare en public (ainsi Édouard Balladur) compte tenu de l'opprobre attaché à l'objet. Mais aujourd'hui, comme hier, une mauvaise réputation ne suffit pas à décourager les passionnés. Au siècle dernier, des célébrités du monde littéraire* et artistique affichaient sans complexe leur amour du cigare : George Sand bien sûr, parmi les femmes*, mais aussi Mallarmé, peint par Manet une vitole* à la main, Baudelaire, Liszt...

Plus proches de nous, des hommes publics tels Lénine ou Churchill*, de grands noms du cinéma* comme Orson Welles étaient des fumeurs enragés.

▨ Anti-tabac

L'ouvrage le plus célèbre et le plus ancien condamnant le tabac est un pamphlet daté de 1604. Intitulé *Counterblast to Tobacco*, il a pour auteur Jacques Ier Stuart, roi d'Angleterre. Élevé à la cour d'Élisabeth Ire, Jacques Ier avait pris toute fumée* en horreur, excédé par les courtisans qui, pour imiter le favori de la reine, sir Walter Raleigh, fumaient la pipe à longueur de temps. Le tabac est un poison, affirmait-il, s'élevant contre l'opinion des savants de l'époque ; le tabac était alors censé avoir des vertus curatives. Pourtant, dès le XVIIe siècle, bien avant qu'il ne soit déclaré nocif pour la santé*, le tabac fut proscrit tour à tour presque partout. Seuls quelques États, comme la France* ou l'Espagne, trouvèrent plus judicieux de le taxer. Depuis, les ennemis du tabac n'ont jamais désarmé ; en ce sens, les puritains de l'époque victorienne et les lobbys anti-tabac américains des années quatre-vingts présentent quelques similitudes.

Ces mouvements ont toujours eu une certaine influence ; les lois interdisant la publicité sur le tabac ou frappant les fumeurs

d'ostracisme n'en sont qu'un exemple. L'hystérie sanitaire moderne, nouvelle expression de l'horreur de la mort, condamne sans appel toutes les conduites ou habitudes qui peuvent abréger la vie, si faible en soit le risque. Elle évoque le fait que l'excès de tabac, par les maladies qu'il occasionne, coûte cher à la communauté – on n'aurait pas le droit de se rendre malade ; nos corps ne seraient plus nôtres... Mais ce raisonnement lourd de conséquences soulève une polémique que cet ouvrage n'a pas pour fonction de traiter. En guise de consolation, on peut lire le traité exhaustif de Jean-Jacques Brochier – *Je fume et alors* ? – qui rend justice aux fumeurs persécutés.

– Nous lui avons offert des cigarettes, des cigares, une pipe !
Elle a refusé !...
Veuillez faire sortir Madame ! qui ne veut pas fumer.
Illustration de Paul-Eugène Mesplès, extraite de *La Petite Gironde*, 1899.

■ ASIE DU SUD-EST

L a Birmanie, l'Indonésie et les Philippines sont les trois grandes
zones de production de cigares
en Asie du Sud-Est. Depuis toujours,
la Birmanie fait figure d'exception.
Déjà, au XVIIᵉ siècle, date de l'implantation* du tabac dans le pays, s'était
développée une passion nationale
pour le cigare. Tandis que tous les
Asiatiques, et surtout les Japonais, ne
fumaient que la pipe, les habitants de
la Birmanie – hommes, femmes* et
enfants confondus – optaient pour le
cigare. La tradition s'est maintenue. Ce
sont de petits cigares fabriqués sur

place, verts ou blancs car leurs
capes* ne sont pas de tabac mais
taillées dans les feuilles du prunier
d'Assyrie (*Cordia myxa*). Les fabriques
sont innombrables et parfaitement
artisanales. Les femmes, comme dans
certaines tribus à Formose, fument les
plus gros modules*, que les hommes
jugent indignes de leur virilité.

Aux Philippines, les cigares de
Manille* sont célèbres depuis le
XIXᵉ siècle où ils disputaient aux
havanes* la faveur des amateurs*
européens. Deux marques rivalisent
aujourd'hui : Alhambra et la Flor de la
Isabella. On leur reconnaît une âcreté
assez voisine de celle des cigares bir-
mans. Seuls les cigares Flor de la Isa-

Plantation de tabac, île de Java.

bella sont importés en Europe : douze modules présentés en coffrets humidificateurs de cinquante pièces dont le plus célèbre reste le patte d'éléphant.

L'Indonésie, jadis colonie des Pays-Bas*, cultive le tabac depuis le XVIIᵉ siècle. Les cigares de Java, de Bornéo et de Sumatra représentent en la matière le « goût hollandais », ils sont très secs, plutôt âcres, sans arômes prononcés ou éventuellement imprégnés de senteurs d'épices orientales. Trois siècles d'importations néerlandaises ont habitué le nord de l'Europe aux sensations qu'ils produisent. Parmi les meilleurs figurent les Zino Drie et les Zino Jong.

■ BAGUE
La signature du fabricant

Les bagues, anneaux de papier brillamment coloré qui ornent de nombreux cigares, ont pour origine légendaire le groupe des élégants du XVIIIe siècle. Ces cousins des dandys* britanniques utilisaient, selon Zino Davidoff* dans l'*Histoire du havane*, une bande de papier qu'ils roulaient proche de la tête de leurs cigares pour protéger leurs doigts ou leurs gants. Cependant, le père attesté de cet habit de la vitole* est un négociant des Pays-Bas*, Gustave Bock, qui s'avisa en 1850 d'en équiper les havanes* qu'il vendait pour se rappeler au bon souvenir de ses clients. L'idée fit fortune car les fabricants s'en emparèrent pour se distinguer de leurs concurrents, et le 25 octobre 1884, l'Union des fabricants havanais fit officiellement sienne la bague. Dès lors, ce fut à qui l'emporterait par l'éclat et la richesse, aussi le rouge et l'or dominent-ils dans la palette. Le baguage des cigares précède leur mise en boîte* et comme tout le reste, dans le havane, se fait à la main. Ces anneaux sont fixés d'un point de colle végétale et doivent tous être placés à la même hauteur afin de présenter dans les boîtes des alignements impeccables. Les bagues font l'objet de collections. Dans le monde entier, des vitolphiles (de vitole qui signifie cigare) les recherchent avec passion. Celles des marques* disparues du siècle dernier sont les plus courues.

Boîte à cigares,
États-Unis.
Coll. part.

■ Boîte

Les boîtes des havanes* sont en cèdre de Cuba*, un bois inodore et poreux qui permet aux cigares de respirer. La boîte classique contient vingt-cinq cigares en deux rangs superposés de treize et douze pièces. Ils sont séparés par une feuille de cèdre, alignés de manière à présenter leurs bagues* à la même hauteur et rangés de façon à dissimuler en dessous les veines qui pourraient déparer la cape*, car un beau cigare est un cigare lisse. Il existe aussi des cabinets, toujours en cèdre, mais dont le volume tend vers le cube. Ils contiennent les cigares par vingt-cinq, cinquante, rarement par cent, en fagots* ou en bottes, le plus souvent attachés par un ruban jaune. Certains très grands cigares sont vendus à l'unité dans des boîtes ad hoc, tel le Magnum de José Gener. De moins imposants, mais néanmoins de bonne taille, sont vendus en boîtes de dix, tel le Dom Pérignon de Davidoff*. Les boîtes sont le plus souvent richement décorées.

La marque* s'étale à l'extérieur et à l'intérieur en lettres flamboyantes. Les médailles obtenues dans les concours du siècle dernier sont scrupuleusement reproduites sur les pourtours. À l'intérieur, les cigares sont enveloppés dans une feuille de

papier presque toujours ornée d'une *vista* bariolée à sujet mythologique, historique ou champêtre. De nombreux collectionneurs se disputent ces « vues », lesquelles, comme les bagues, sont toutes dessinées et distribuées par l'imprimerie nationale cubaine de La Havane*. De plus, toutes les boîtes de havanes portent une bande verte garantissant, depuis 1912, l'origine des cigares. Cependant, les contrefacteurs de havanes sont devenus si agressifs qu'ils n'hésitent pas à reproduire à quelques détails près le sceau* d'authenticité du gouvernement cubain. Ces falsifications obligent l'amateur à certaines précautions. En France*, au texte exact de la bande verte doivent s'ajouter le label Habanos, blanc et rouge, en diagonale et en coin, et celui de la Sécurité Sociale, qui entend mettre en garde le fumeur.

Baguage d'un havane, Cuba, 1992.

On a toujours fumé le cigare au Brésil. Dans ses *Singularitez de la France Antarctique* (édition de 1558), André Thevet* décrit les *puros* des indigènes, « de la longueur d'une chandelle », dont la consommation allait de pair avec la pratique d'incantations. Le Brésil, où le tabac fut cultivé et exporté vers Lisbonne par les Portugais dès 1548, reste l'un des grands producteurs mondiaux.

D'après *La Grande Histoire du cigare*, les cigares brésiliens sont « les seuls dont on puisse à la limite, trouver la fumée* aussi rassasiante que celle des havanes* » et « certains modules*, particulièrement noirs, ne peuvent convenir qu'à des fumeurs chevronnés ». Cette opinion est au moins nuancée par celle de Gilbert Belaubre, rédacteur d'un traité* intitulé *Cigares, de l'initiation à la maîtrise*. Cela dit, les auteurs s'accordent pour estimer que les cigares du Brésil allient corps et douceur. Leur noirceur n'exclut pas leur surprenante suavité. L'État de Bahia concentre au Brésil les plus anciennes et les plus importantes cultures* de tabac. Elles fournissent des feuilles de cape, de sous-cape et de tripe, plus petites que les feuilles cubaines. Le tabac de la Mata Fina, de ses grands crus* de Cruz das Almas et Conceicao do Almeida, est noir ; les feuilles sont peu développées parce que le sol est assez pauvre, en revanche les arômes sont riches. Ces tabacs noirs produisent pourtant des cigares très doux et équilibrés. Très recherchés, ils sont concurrencés par les tabacs dits « de chemin de fer », cultivés ailleurs et transportés dans ces deux villes pour en prendre l'appellation.

En Europe, on trouve facilement des Danneman Espada en coffrets de plastique transparent de vingt-cinq et des Danneman Vera Cruz en coffrets de dix. Davidoff* propose le Zino Santos et le Por Favor. La marque Suerdick, célèbre en Allemagne, reste la favorite du chancelier Kohl, comme elle fut celle du chancelier Adenauer. On retrouve les tabacs de Bahia dans la plupart des cigares américains et européens. Le Voltigeur, fabriqué par la Seita*, en est un exemple.

Cabinet. Voir Boîte

Cape. Voir Composition

Carmen

Mérimée, célèbre surtout pour son roman *Colomba*, écrivit le court récit intitulé *Carmen* en 1845. Vingt-neuf ans plus tard, le compositeur français Georges Bizet (1838-1875) utilisa cette nouvelle pour composer un drame lyrique qui reste l'un des opéras les plus représentés au monde. Aujourd'hui encore, le thème de *Carmen* constitue une source d'inspiration inépuisable où puisent les réalisateurs de cinéma*, de Jean-Luc Godard à Peter Brook. L'héroïne est une cigarière* de Séville*, cité qui fut, pendant près de deux siècles, la ville mythique du cigare. Dans l'œuvre de Bizet, don José, l'honnête brigadier des dragons vient attendre Carmen, la belle qui causera sa perte, à la sortie de la manufacture*. Fondée sous Ferdinand IV, celle-ci employait, en 1800, cinq mille ouvriers et ouvrières, et sa visite était alors l'un des temps forts de tout voyage en Andalousie ; elle fut décrite par Mérimée bien sûr, mais aussi par Théophile Gautier, Maurice Barrès et Pierre Louÿs. Carmen, qui n'écoute que son cœur, mourra de suivre ses seuls désirs. Ce ne peut être un hasard si l'héroïne la plus libre et audacieuse de la littérature* romantique fut une cigarière.

Casa de tabaco.
Voir Séchage

Cendre

La cendre du cigare fascine de nombreux fumeurs jusqu'au fétichisme. Sa couleur gris bleu, sa texture serrée, sa rigidité qui la fait s'allonger de plusieurs centimètres avant de tomber – encore faut-il la secouer – le cigare consumé n'en finissant plus de prolonger le cigare se consumant comme pour en conserver la forme initiale, tout cela incite le fumeur à trouver dans sa contemplation une correspondance avec le plaisir qu'il a pris et prend encore à fumer. Nombre d'entre eux évitent de l'écraser dans le cendrier, anxieux, semble-t-il, de lui conserver le plus longtemps possible son aspect premier, trace du plaisir évanoui. Hélas, l'odeur de cendre froide fait revenir le fumeur sur terre. Mais aussi le projette dans l'attente du module* suivant qui lui fera retrouver le paradis.

Chavette.
Voir Outil

Choisir

Le choix d'allumer* tel ou tel cigare dépend de la personnalité du fumeur, de son humeur et du moment. De la personnalité car il dépend de chacun de préférer tel ou tel format*. De l'humeur parce que l'humeur est ce qui se commande le moins. Du moment surtout, car tout cigare doit se fumer en paix, exige du temps – une heure en moyenne – et de la disponibilité. Puis fumer un cigare n'est pas seulement le fumer : on le savoure

Julia Miguenes dans *Carmen*, film de Francesco Rosi, 1984.

Bureau de tabac de M. Caurat, rue de Rivoli, Paris, 1926.

d'abord avec les yeux, on en estime la qualité d'après la couleur*, la tension et le lissage de la cape ; on continue avec les doigts qui en évaluent la souplesse, qualité primordiale ; on poursuit en l'incisant et en l'allumant ; commence seulement à cet instant l'action de fumer proprement dite.

Le choix fondamental a lieu lors de l'achat. Choix instinctif du module*, court ou long, mince ou épais, choix plus conscient de la couleur, claire, moyenne, foncée, et vérification de la conservation* qui implique pour l'acheteur de se faire ouvrir les boîtes* de la marque* et du module retenu. Un coup d'œil suffit à éliminer les capes à nervures trop apparentes ou tachées.

Toutefois des taches blanchâtres, moisissure superficielle assez fréquente sous les tropiques, lieu d'origine des grands cigares, ne doivent pas rebuter : le retour à une humidité convenable et un brossage léger les font disparaître sans altération de qualité. Il faut aussi préciser que la couleur de la cape n'indique pas la force de la vitole*, qui dépend de la tripe. La cape n'étant qu'une mince enveloppe, elle peut tout au plus nuancer la saveur* générale du cigare.

Churchill (Winston)

Sir Winston Leonard Spencer Churchill (1874-1965), descendant du duc de Marlborough, le héros de la chanson *Marlborough s'en va-t-en guerre*, connu pour avoir été Premier ministre pendant la seconde guerre mondiale, fut aussi un célèbre fumeur de havanes*. Il découvrit le *puro* à l'âge de 26 ans, débarquant à La Havane* en qualité de correspondant de

Winston Churchill, 1959.

guerre pour le *Daily Graphic*, au salaire de 25 livres par article, lorsque les Cubains prirent les armes pour conquérir leur indépendance contre l'Espagne. Churchill fumait de quatorze à seize cigares par jour, toujours de teinte *maduro* et le plus souvent double coronas. Ce grand format* était à ce point sa marque* aux yeux du public que de nombreuses fabriques

cubaines, dont Romeo y Julieta*, donnèrent son nom à ce module* dans leurs catalogues.

Cette consommation formidable lui fit fumer, a-t-on calculé, près de 250 000 cigares dans sa vie. Chiffre qui doit être pondéré, car il n'en fumait que la moitié, par hygiène et par raffinement, suivant une opinion partagée par Sacha Guitry pour qui la fin d'un grand havane n'est pas plus glorieuse que celle d'un cigare de deux sous.

■ Cigarier (ère)

Les noms cigarier et cigarière désignent les ouvriers et ouvrières des manufactures* de tabac qui fabriquent les cigares à partir des mélanges* de feuilles expédiées des centres de production. Les feuilles peuvent arriver dans les fabriques en *tercios*, ballots enveloppés de feuilles de palmier, ou en barils, stade postérieur de leur traitement. Elles sont alors humidifiées, et subissent une fermentation*. Cette maturation achevée, on procède

Cigarier roulant un havane, Cuba.

Orson Welles.

à l'opération capitale du mélange des tabacs par laquelle sont perpétuées les qualités des cigares qui en seront faits. Ces mélanges sont enfermés dans des caisses de bois où ils sont réhumidifiés.

Après quelques semaines, parfois plusieurs mois, interviennent les cigariers proprement dits, écôteuses et rouleurs. Les feuilles tirées de leurs caisses sont écôtées, autrement dit partagées en deux par l'ablation de leur nervure centrale, trop dure et épaisse pour entrer dans la composition d'un cigare.

L'écôtage* est l'affaire de femmes* dont la liberté de ton est légendaire. Ces ouvrières, le personnel le plus turbulent des manufactures, sont les dignes descendantes de la cigarière de Séville*, Carmen*. Le roulage*, longtemps affaire d'hommes, les *torcedores*, élite des fabriques comme l'étaient les protes dans les imprimeries d'Europe, est aujourd'hui gagné par la mixité. C'est l'opération la plus importante de la chaîne de production : le rouleur fait le cigare. Il faut des années d'entraînement et un don particulier pour devenir un bon rouleur ou une bonne rouleuse. À La Havane*, les ateliers sont parfois appelés *galeras*, le nom reste des anciennes prisons militaires de la ville dont les pensionnaires étaient affectés à la fabrication* des cigares.

■ Cigarillo

Petits cigares, à la taille à peine supérieure à celle d'une cigarette, les cigarillos sont faits de débris de tabac. Ils sont le plus souvent dépourvus de sous-cape et ne peuvent prétendre à la qualité des *puros*. Leur prix* est, il est vrai, bien moindre.

Les fument les amateurs* de vrai tabac qui n'ont pas les moyens de s'offrir les modules* supérieurs, et les femmes* que découragent ces derniers. La sveltesse, la légèreté des cigarillos (en poids car ils sont forts), l'âcreté fréquente de leur fumée* attachent à leur image* une impression de désinvolture et d'insolence au moins latente, qui distingue radicalement le fumeur de cigarillo du fumeur de cigarette. Les révolution-

naires mexicains du début du siècle, les insurgés italiens* contre l'Autriche au milieu du XIXᵉ siècle fumaient des cigarillos. Les premiers y allumaient les mèches de leurs bombes et cartouches de dynamite ; quant aux seconds, ils les fumaient sous le nez des soldats de Vienne pour défier l'interdiction de fumer autre chose que les produits de l'empire.

Cinéma

Le tabac apparut sans doute pour la première fois au cinéma dans un film de Georges Méliès, *Du feu s'il vous plaît*. On ne compte plus aujourd'hui les films où le cigare est l'un des attributs principaux du héros et parfois un personnage à part entière. Dans *Folies de femmes* d'Erich von Stroheim, tourné en 1921, l'actrice Mae Bush fume le cigare avec une aisance qui scandalisa.

Le cigare au cinéma représente d'abord la puissance, comme l'illustrent Orson Welles dans *Citizen Kane* ou Paul Muni dans *Scarface*. *L'Encyclopédie du tabac et du fumeur* de la Seita note à juste titre que fumer un cigare signifie dans le langage cinématographique : « je suis fort ou je suis malin ». Groucho tourne ce discours en dérision dans les films des Marx Brothers (il a toujours un cigare à la bouche, mais ne l'allume jamais).

Charlot devenu milliardaire se souvient de son enfance pauvre et jaillit de sa Rolls pour ramasser un mégot de cigare. Comme dans la caricature politique (de gauche), le cigare au cinéma signifie l'arrogance ou sa dérision. Ce lien était devenu si fort aux États-Unis* que les fabricants s'en inquiétèrent, au point d'intervenir auprès des producteurs et des réalisateurs pour leur faire au moins nuancer ces rapports.

Beaucoup d'acteurs fument le cigare loin des caméras. Philippe Noiret, Gérard Depardieu qui se fournit à La Havane*, à la Casa del Habano, dans l'immeuble de Partagas, Jacques Dutronc, cent autres, fument dans la vie plus qu'à l'écran. On ne les prend pas pour autant pour des salauds.

Alfred Hitchcock au moment du tournage de son film *Les Oiseaux*, 1962.

■ **Cohiba.** Voir Marque

■ Combustion

La régularité de la combustion est avec son goût au sens le plus large (force, richesse, arôme...) la qualité essentielle d'un cigare. Un grand cigare tire toujours bien. Bien allumé*, il brûle également sur toute sa section et la fumée* arrive en bouche sans effort. L'aspiration n'est que plaisir. La combustion dépend

de la nature de la tripe, constituée de la qualité des feuilles qui la compose*, mais aussi de la justesse de leur assemblage et de l'homogénéité de leur densité. Elle dépend aussi de la sous-cape et de la précision de son enroulement autour de la tripe. Elle dépend enfin de la cape – cette robe du cigare d'où il tire sa beauté visuelle et tactile. Un cigare mal roulé*, de compacité inégale, tire mal. Il se consume par le centre, où se creuse un cratère, ou par les côtés. La combustion des trois parties qui le composent – cape, sous-cape, tripe – doit être simultanée. On parvient à ce résultat par le mélange de trois tabacs de base au moins qui brûlent à des vitesses différentes – le *volado*, le *legero*, le *seco* – et assurent la régularité de la combustion de l'ensemble. Le diamètre influence la vitesse de tirage*. Les cigares de large section tirent plus lentement que les minces.

Combustion d'un corona Davidoff.

■ Composition

Un cigare se compose d'un bout à l'autre d'une tête, d'un corps et d'un pied ; du dehors au dedans d'une cape, d'une sous-cape et d'une tripe.

La tête est l'extrémité fermée, arrondie le plus souvent, parfois fuselée, que le fumeur prend en bouche après l'avoir incisée afin de pouvoir en aspirer la fumée*. Le corps est représenté par la totalité du cylindre, droit ou conique, ou de la torsade, qui relie la tête au pied. Le pied est l'extrémité coupée du cigare qui

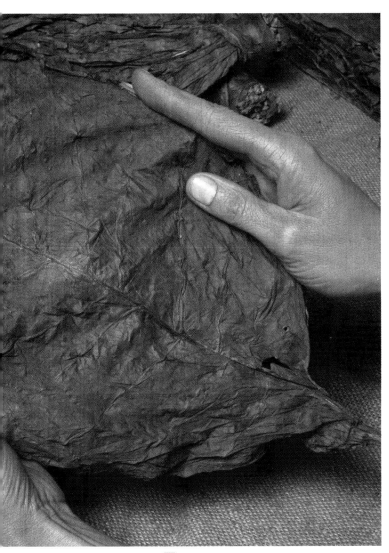

Feuille de cape d'un havane.

en laisse voir l'intérieur. La cape est l'enveloppe extérieure du cigare, composée d'une seule demi-feuille de qualité supérieure, plus résistante et plus souple, enroulée en spirale. La sous-cape qui sépare la cape de la tripe est faite de deux demi-feuilles superposées et enroulées en sens opposé pour donner sa fermeté au cigare.

La tripe est faite de trois feuilles de qualités différentes dont l'ensemble donne sa personnalité au cigare – force, arôme, richesse.

■ Conservation

La conservation des cigares est aussi importante que celle des vins ou alcools*. Les cigares, comme eux, évoluent. Deux ou trois ans après leur fabrication*, ils exsudent un peu d'huile au moment de la floraison dans leur pays d'origine. Les *puros* qui arrivent de Cuba* sont faits d'un tabac d'au moins deux ans d'âge et souvent de récoltes de trois ou quatre ans. Ils se conservent parfaitement une quinzaine d'années dans l'obscurité, avec une humidité rela-

49

Boîtes à cigares
dessinées
par David Linley
pour Dunhill.

tive de 60 à 70 % et à température constante (entre 15 et 20 degrés). Le soleil, la lumière en général, décolorent et dessèchent le cigare, les feuilles deviennent cassantes et perdent tout leur arôme qui se dégrade en âcreté. Le froid desséchant tout autant les cigares, le réfrigérateur est à proscrire. Les bonnes conditions de conservation sont celles qui se rapprochent le plus du climat des Caraïbes où les cigares gardent toujours une fraîcheur et une souplesse idéales.

Les commerçants proposent de nombreux appareils à conserver les cigares, à humidité et température constante. Davidoff* a mis au point des coffrets autorégulateurs excellents ; d'autres systèmes plus simples et moins chers équipés d'éponges, d'un thermomètre et d'un indicateur d'humidité sont efficaces aussi. La taille de ces humidificateurs s'étend de l'étui à cigares du particulier aux armoires et caves des commerçants et restaurateurs. Un cigare déshydraté, mais non pas desséché, retrouve toute sa souplesse en quelques semaines.

Coprova. Voir Seita

Corona. Voir Format

Couleur

Les couleurs du tabac vont du *clarissimo* de teinte verte, à l'*oscuro* de teinte noire. Entre les deux une centaine de nuances dont les mieux fixées sont le *claro claro* ou double *claro*, qui est blond ; le *claro*, qui est fauve ; le *colorado claro*, qui est brun clair ; le *colorado*, brun rouge ; le *maduro colorado*, brun et le *maduro*, brun noir.

Le tabac vert, obtenu en préservant les feuilles du soleil, en les cueillant jeunes, en fixant leur chlorophylle au charbon de bois, est la passion des Américains.

Double *claro* et *claro* proviennent de feuilles cueillies avant maturité et séchées rapidement à l'air. Les *colorado claro* sont des feuilles du haut de la plante, exposées au soleil et cueillies tard ; elles ont de la force. *Colorado* et *maduro colorado* sont proches : feuilles situées au-dessus des *colorado claro*, leur maturation est plus avancée et leur force plus grande.

Les *maduro* sont des feuilles de la cime, les plus exposées au soleil et cueillies tard. Leur force est considérable. L'*oscuro* vient de feuilles de la cime, cueillies en dernier. Leur force est insoutenable pour la plupart des fumeurs.

La cape, simple enveloppe, ne peut pas faire la force, celle-ci vient de la tripe qui est le gros du cigare. Les extrêmes qui suivent sont à peu près imaginaires mais, pour fixer les idées : un cigare noir à tripe blonde serait un cigare léger. Un blond à tripe noire « emporterait la gueule ».

Les couleurs les plus appréciées des amateurs européens pour la cape et pour la tripe vont du *claro* au *maduro colorado*, les teintes fauves recueillant le plus de suffrages. Les *oscuro* sont les cigares qui se rapprochent le plus des *tabacos* des Indiens découverts* par Christophe Colomb.

Gamme des huit couleurs de cigares, de gauche à droite : *clarissimo, claro claro, claro, colorado claro, colorado, maduro colorado, maduro* et *oscuro.*

■ Cru

Comme dans le vin, la notion de cru est fondamentale dans le cigare. À Cuba* même, on distingue plusieurs zones tabacoles. D'est en ouest, Oriente, Remedios, Partido, Semi-Vuelta et Vuelta Abajo*. Les qualités exceptionnelles de cette dernière ont été sinon découvertes du moins exploitées tardivement dans le troisième tiers du XVIIIe siècle, l'île étant connue depuis longtemps pour fournir les meilleurs tabacs du monde. Les plus grands professionnels ont échoué à reproduire les qualités de la Vuelta. Les mêmes

▨ Cuba

Cuba, en fait de cigare, c'est Jérusalem. Ou Athènes ou La Mecque – ou Moscou ? – pour d'autres croyants. Tout en est venu, tout en sort toujours, tous les regards y sont braqués. L'Espagne, incroyablement fortunée, ne s'y est pas trompée : elle s'acharna quatre cents ans, malgré tous les revers, à conserver le monopole de ses tabacs. Tous les corsaires et contrebandiers du monde maritime s'acharnèrent pareillement à l'entamer. Ces efforts contradictoires eurent le même effet, fonder et pérenniser la gloire des

Vérification des feuilles de tabac avant la fabrication des havanes, Cuba, 1992.

semences, cultivées dans la même terre (on a été jusqu'à transporter de la terre, rouge, légère, sablonneuse, de la Vuelta hors de Cuba) sous un climat identique, ne donnent pas les mêmes feuilles. Les meilleurs crus ou *vegas* de la Vuelta sont ceux de San Luis et de San Juan y Martinez. Dans les autres régions du monde, le Brésil* se distingue par ses tabacs noirs cultivés dans l'État de Bahia, et les États-Unis* par ses tabacs légers, surtout en provenance du Connecticut.

plantations cubaines. Jusqu'au XVIIIe siècle, Madrid se jugea seule capable de traiter comme il convenait ses récoltes et le soin en fut réservée à Séville*. En 1717 cependant, Philippe d'Anjou, devenu Philippe V lors de son accession au trône, autorise l'établissement à La Havane* d'une première manufacture* de tabacs. De la fabrication* au commerce, il n'y a qu'un pas. En 1740, il acceptera la fondation de la Compagnie royale de commerce de La Havane. Déjà, suite à la présence

■ CULTURE
Soleil et humidité

Les graines de tabac sont semées en pépinières à la mi-septembre, par les *vegueros* ou planteurs. Les premiers plants* sont repiqués quinze jours plus tard. Le repiquage battant son plein en octobre commence par les plants de cape – *corojo* – qui mûrissent en quatre-vingt-dix jours, puis viennent les plants de tripe – *criollo de sol* – n'en demandant que de quarante-cinq à soixante-dix. Une bonne croissance exige du soleil et de l'humidité, mais le moins possible de pluie. En mûrissant, les feuilles passent du mat au brillant et perdent leur duvet. Durant la pousse du tabac, chaque pied est surveillé avec la plus grande attention, permettant outre des soins appropriés de définir avec précision l'heure de la récolte. Seize ou dix-sept feuilles sont prélevées sur chaque plant, qui comporte six étages de deux ou trois feuilles. La force du tabac récolté va croissante de bas en haut, les plus hautes recevant le plus de soleil.

La cueillette commence début janvier et se termine fin mars ou début avril. Les feuilles sont cueillies une à une en plusieurs passages selon leur degré de maturité. Les plans de cape produisent quarante quintaux à l'hectare, les plants de tripe de trente-trois à trente-sept car ils sont plus petits et leurs feuilles aussi. Les plantations sont divisées en *caballerias*, unités de 13,5 hectares. Certaines d'entre elles sont recouvertes pendant la croissance du tabac d'immenses voiles de coton blanc – les *tapados* – tendus sur des piquets pour leur épargner l'excès de soleil et les violences du vent. Les plants ainsi protégés fournissent des feuilles de cape. La cueillette est aussitôt suivie d'un premier tri des feuilles qui sont portées dans les *casa de tabaco*, hangars de séchage* aérés en permanence qui parsèment les *vegas*. Après séchage, les feuilles sont réunies en boisseaux pour une première fermentation*, naturelle, à moins de quarante degrés. Ces deux opérations s'étalent de vingt à soixante jours. Enfin, le tabac est prêt pour son premier voyage, la fête du choix ou *escogida**.

des troupes britanniques et américaines qui se sont emparées de la ville en 1762 et y sont restées un an, le goût du havane se répand en Angleterre et en Amérique du Nord. En 1772, une nouvelle zone de production, la Vuelta Abajo* est mise en exploitation. Ses tabacs éclipsent bientôt tous les autres. Mais le grand tournant a lieu en 1807. Napoléon envahit l'Espagne où peu de temps auparavant, la manufacture de Séville avait mis au point l'incomparable *puro*.

Les Français en pillent les stocks et voilà le havane* transporté jusqu'à Moscou avec la Grande Armée. Napoléon sera vaincu, mais le havane triomphe.

Les fabriques se multiplient à Cuba pendant tout le XIXe siècle. Les *tabaqueros,* planteurs libres et ouvriers libres constituent dans l'île une aristocratie populaire qui sera le fer de lance de l'indépendance, arrachée en 1898. Cent ans après le havane règne toujours sans partage sur le monde du tabac.

Plants de tabac d'une *caballeria* recouverts de *tapados*, Brésil.

Dandy

Le mouvement dandy a pour ascendants les différents groupes d'extravagants européens, « macaronis » anglais ou « élégants » français du XVIIIe siècle. Cependant, c'est avec Georges Bryan Brummel (1778-1840) que le dandysme acquiert ses lettres de noblesse et commence son ascension dans les plus hautes sphères des sociétés européennes.

Le cigare, objet raffiné, dont la fumée* ravit et dérange et dont le but est de finir en cendre*, ne pouvait que séduire ces esthètes, adeptes de l'éphémère et du plaisir. C'est à partir des années 1830 que le havane* devient l'un des emblèmes du dandy britannique, avec la cravate et la veste bleue de Beau Brummel. À ce nouvel attribut du fashionnable, il ne manquait qu'un lieu où s'épanouir, le *seegar divan*. Ces salons meublés en style oriental, où l'on déguste patiemment alcools* fins et cigares savoureux apparaissent dès 1830 ; dix ans plus tard, tous les clubs londoniens proposent une pièce de ce type à leurs membres. Pour assurer à la vitole* un rôle essentiel, il suffisait d'un accessoire*, qu'un nombre conséquent de dandys s'approprièrent, le fume-cigare. Objet de luxe, souvent en ambre ou en écume, cet ornement du havane permettait notamment d'éviter les traces sur les mains ou sur les gants occasionnées par la sudation du cigare, fumé alors humide.

Au-delà de leur rencontre, c'est un but commun qui unit l'objet cigare et l'homme dandy, faire apparaître le plaisir avant de disparaître. En écho à cette philosophie de la vie, Stendhal dira de lui-même : « J'écris comme on fume un cigare. »

Henri de Toulouse-Lautrec, *Monsieur Louis Pascal*, 1893. Albi, musée Toulouse-Lautrec.

Davidoff (Zino)

Zino Davidoff est mort dans une clinique de Genève au début de 1994. Avec lui disparaissait le plus grand propagandiste du havane* de ce siècle. Commerçant certes – le *puro* lui apporta la fortune – mais si foncièrement amateur de ses cigares qu'il consacra des années à les perfectionner. Son père, émigré de Kiev, s'était installé à Genève en 1911, et vendait des cigarettes de tabacs d'Orient. À vingt ans, Zino décide d'entreprendre un tour du monde du tabac. Il séjourne ainsi trois ans

Zino Davidoff.

à Cuba*, de 1928 à 1932. À son retour, le havane n'a plus de secret* pour lui. Il installe dans son magasin la première cave humidifiée d'Europe. Sa notoriété s'accroît et lors de la deuxième guerre mondiale, les Cubains lui confient l'écoulement des millions de cigares entreposés dans les ports-francs d'Europe. Il devint Monsieur Havane et sa boutique 2, rue de Rive, le lieu géométrique de tous les amateurs* européens. La paix revenue, les Cubains ont à nouveau recours à lui, pour relancer les ventes. Davidoff inaugure alors, en 1947, la série fameuse des « Châteaux » Margaux, Laffitte, Haut-Brion,

Latour... fabriqués avec les tabacs de Hoyo de Monterrey. Le succès est prodigieux. En 1968, Fidel Castro lui propose de créer à Cuba sa propre marque*. L'année suivante apparaissent les Davidoff numéro* 1 et 2, puis les 1000, 2000, 3000, 4000, 5000. C'est la gloire et la fortune. Mais Davidoff veut aller plus loin. Il lance au Honduras* la marque Zino, pour attaquer le marché américain. Les Cubains s'irritent. La rupture est consommée en 1989. Aujourd'hui, dix-neuf modules sont fabriqués à Saint-Domingue* sous la marque Davidoff, douze au Honduras sous la marque Zino. Que portent aussi d'autres cigares de Sumatra et du Brésil*. La maison a été reprise par la société Oettinger, vieille maison bâloise. Elle est dirigée par le docteur Ernst Schneider.

Découverte

Le 4 novembre 1492, Christophe Colomb, mouillé devant Cuba*, envoie à terre en reconnaissance deux de ses marins*, Rodrigo de Jeres et Luis de Torres. Ils sont les premiers blancs à mettre le pied dans l'île. L'amiral écrit dans son journal après leur retour : « Ces envoyés ont rencontré un grand nombre d'Indiens, hommes et femmes*, qui tenaient à la main un petit tison enflammé pour allumer certaines herbes avec lesquelles ils s'enfumaient, selon leur coutume. » Telle est la première mention du cigare dans l'histoire. Les Indiens de Cuba n'étaient pas les seuls à fumer le cigare. Il était répandu dans toutes les Caraïbes, au Mexique, en Amérique Centrale, en Colombie, au Venezuela et au Brésil*. Le dominicain Bartholomé de Las Casas,

le célèbre défenseur des Indiens, est plus précis que Colomb : « C'étaient des herbes sèches enroulées dans certaine feuille sèche elle aussi et qui formaient une sorte de *mosquete* de papier comme en font les enfants pour la fête du Saint-Esprit. Ils les allumaient par un bout, suçaient l'autre et absorbaient la fumée* par aspiration. (...) Ces *mosquetes* ou quel que soit le nom que nous leur donnions, eux les appellent *tabacos*. » Les habitants du continent américain auraient été les seuls à fumer le cigare à l'époque de la conquête.

En 1499, Amerigo Vespucci, alias Améric Vespuce, abordera des Indiens chiqueurs dans l'île de Margarita, au large du Venezuela. Une lettre de lui, datée de 1507, est le premier texte où apparaisse le tabac.

▪ Dunhill (Alfred)

Le nom de Dunhill est pour les Anglais synonyme de tabac depuis le XIXᵉ siècle. Alfred Dunhill fut le premier à proposer de conserver chez lui, dans son magasin du 30, Duke Street à Londres, les cigares de ses meilleurs clients. Dans ses *maturing rooms*, ceux-ci sont nombreux à louer à l'année des coffres où se bonifient leurs modules* préférés. Churchill* fut le plus célèbre d'entre eux ; il bénéficiait de l'usage d'une série de coffres où l'attendaient des milliers de pièces. Lorsque la guerre éclata, ses cigares furent descendus dans la cave la plus profonde de la maison, et échappèrent ainsi aux bombes allemandes qui détruisirent l'établissement. Passionné de tabac et non pas seulement de cigares, Alfred Dunhill s'était rendu célèbre par ses mélanges pour la pipe et par ses pipes

elles-mêmes, marquées d'un point blanc, jugées incomparables par tous les fumeurs distingués. Il écrivit un traité du fumeur, *The Gentle Art of smoking*, qui se lit toujours avec agrément. Les Cubains lui offrirent en 1968, comme à Davidoff*, de fabriquer des cigares à sa marque. Huit modules de havanes* ont ainsi porté le nom de Dunhill jusqu'en 1992, dont le célèbre Havana Club, super double corona, quasi jumeau

G. J. Hamilton, *Indien tenant des cigares*, 1865. La Rochelle, musée du Nouveau-Monde.

du Montecristo* « A », présenté à l'unité en coffret particulier. Dunhill fabrique aujourd'hui douze modules à Saint-Domingue*, cinq autres aux Canaries et trois en Hollande. La première succursale de Dunhill fut ouverte en 1924 à Paris, rue de la Paix, où elle propose toujours, entre autres, les produits fondateurs de la marque, pipes, tabacs, cigares et divers accessoires* pour fumeurs.

Boutique Alfred Dunhill à Londres, 1907.

Écôtage d'une
feuille de tabac.

▨ **Écôtage**

L'écôtage est l'opération qui consiste à enlever aux feuilles de tabac leur nervure centrale, proprement infumable car trop épaisse et trop dure. Elle est pratiquée par des femmes* d'une dextérité et d'une prestesse stupéfiantes. Ces spécialistes étendent la feuille bien lissée sur une planchette posée sur leurs cuisses, saisissent l'extrémité de cette nervure – le pédoncule de la feuille – entre le pouce et l'index et la détachent du reste d'un geste si vif que l'œil peine à le suivre. Les feuilles sont ainsi partagées en deux moitiés, les rouleurs ou *torcedores* utilisant des demifeuilles. Les côtes ne sont pas perdues, elles servent d'engrais vert dans les plantations. La planchette qu'elles se posent sur les cuisses a donné naissance à la fable ridicule des *puros* roulés sur les cuisses des cigarières*. Par contre, la réputation des écôteuses turbulentes n'est pas une légende liée à la description de Carmen* par Mérimée. Car dans les ateliers, elles chantent, s'interpellent, critiquent et se disputent, parmi ces odeurs qui portent le souvenir de la naissance de millions de cigares.

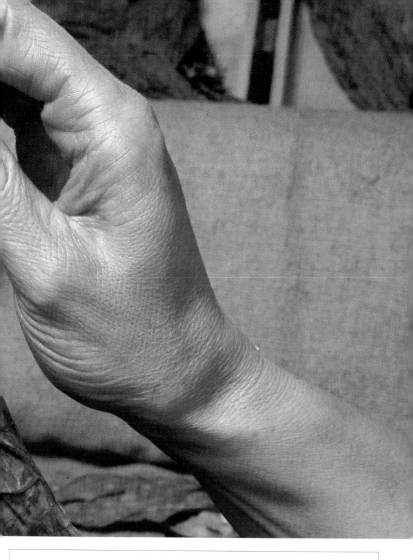

ESCOGIDA
Un folklore indispensable

L'escogida est la fête du tri des feuilles par les acheteurs de la Cubatabaco, successeur des fabriques privées de l'ancien régime. Elle correspond aux très anciennes fêtes de fin de récolte, des moissons ou des vendanges, en Europe. Les planteurs préparent leurs feuilles en les humidifiant, chacun avec sa solution particulière dont la base est de tabac macéré dans l'eau, enrichie d'ingrédients dont ils gardent le secret*, provoquant de la sorte une deuxième fermentation*. Les gerbes de feuilles présentées sont enveloppées dans des feuilles de palmier ou de bananier et décorées. Rassemblées en ballots appelés *tercios,* elles partiront pour les fabriques. Chacun de ces *tercios* porte le chiffre de la parcelle d'où viennent les feuilles, ainsi le contrôle de la qualité est permanent, des semis au roulage*. Les experts passent et classent les feuilles en plusieurs dizaines de catégories. Taille, couleur*, épaisseur, forme, texture, souplesse, qualité de la fermentation, tous ces facteurs sont pris en compte dans le classement final. C'est de l'expérience des sélectionneurs que dépendent l'ultime étape du tabac vers la *fabrica,* et les primes données aux meilleures récoltes.

■ ÉTATS-UNIS

Champ de tabac à Stateville, Caroline du Nord.

Grands producteurs de tabac depuis le XVIIᵉ siècle, du Connecticut à la Floride en passant par la Virginie, berceau des premières plantations créées par les colons anglais, les Américains ont manifesté de bonne heure, en matière de cigare, des goûts très particuliers : ils les aiment verts et sucrés, enrichissant même leurs tabacs de toutes sortes d'arômes étrangers à ceux des feuilles qu'ils récoltent, lesquelles dans certains cas, n'ont plus d'autre fonction que celle de supports d'imprégnations ajoutées. Ces additions ne s'arrêtent pas là, elles concernent aussi l'aspect extérieur des cigares, car les Américains pratiquent le matage des capes – autrement dit les recouvrent de poudre de tabac

qui leur donne un aspect terne et farineux –, tous les goûts étant dans la nature. Les Américains d'aujourd'hui sont surtout amateurs* de cigarillos*. Leur premier cigare indigène, fabriqué vers 1810 en Pennsylvanie, le stoogie, fut surnommé « lacet de soulier » pour sa longueur et sa minceur. Le goût s'en est perpétué.

Cela dit, les États-Unis sont le premier producteur de cigares du monde, tous faits à la machine, vu le coût de la main-d'œuvre. Le plus grand centre de fabrication* est implanté* à

Tampa, en Floride – histoire oblige, des émigrés cubains s'y étaient installés dès la fin du XVIIIe siècle pour y rouler des cigares. On y fabrique par milliards les cigarillos Hava Tampa. Jacksonville, dans le même État, produit des King Edward, vendus un demi-dollar. Robert Burns est là-bas la marque la plus célèbre. On la trouve couramment en France*. Si la production de cigares aux États-Unis, surtout pour l'amateur de havane* et autres *hecho a mano* (fait à la main), ressort de la grosse cavalerie, le Connecticut, toutefois, fait exception. Sur un millier d'hectares, non loin de Hartford, une poignée de planteurs s'obstinent à produire sous toiles, avec des soins infinis, des capes qui comptent parmi les plus belles du monde à partir de semences cubaines, et cela depuis plus de cent ans. La production actuelle est d'un millier de tonnes, et ces superbes capes enveloppent les meilleurs cigares de Saint-Domingue*, tels les Macanudos de la General Cigar et ceux de la Consolidated Cigar Corp.

Étymologie

Le mot cigare a mis plus de trois siècles à s'imposer. Longtemps, on ne sut trop comment nommer ces « rouleaux de tabac » ou « bâtons de tabac ». À Cuba*, l'île originelle, on les appela presque d'emblée et très simplement *tabacos* et l'appellation a toujours cours. « Cigare » viendrait, pense-t-on aujourd'hui, de la langue des anciens Mayas. *L'Encyclopédie du tabac et du fumeur* de la Seita* contient un article du Dr Gunther Stahl qui précise : « Le *Popol Vuh,* chronique de la tribu des Quichés, donne au cigare le nom de Jiq ou Ciq, et l'espagnol *cigarro* est dérivé du Ciq-Sigan des Mayas. En fait, le mot a mis longtemps à s'établir : on trouve *cigales* en 1700 dans les écrits du père Labat, et *seegar* dans le *Nouveau Dictionnaire anglais* de 1735, puis, un peu partout, *cigare, cigarro*, et bien d'autres formes ; au XIXe siècle règne toujours l'imprécision, puisque l'édition de 1833 du *Dictionnaire encyclopédique* de Brockhaus donne encore les formes : *cigale, segares, cigarren.* »

Indigènes fumant du tabac. Gravure extraite d'André Thevet, *Cosmographie universelle*, 1575.

À droite : Fagots de havanes dans une fabrique, Cuba.

■ FABRICATION
Des plants aux puros

Les havanes* et tous les grands cigares sont faits à la main. La cueillette des feuilles qui les composent s'effectue à Cuba* de janvier à mars ; elle est échelonnée selon leur maturité. Après un premier tri, les feuilles sont portées dans les « maisons de tabac » pour séchage* et première fermentation*. Après quoi elles sont triées, mises en ballots. Ces lots sont soumis au choix des acheteurs d'État et expédiés aux fabriques tout en subissant une deuxième fermentation car les feuilles ont été réhumidifiées avant ce conditionnement. Dans les fabriques, elles sont aérées, réhumidifiées, et placées en barils pour leur troisième et dernière fermentation dans la plupart des cas. Cette phase prend de plusieurs mois à plus d'un an. À la sortie des barils, les feuilles sont mélangées*, opération capitale dont dépend le goût des cigares. Après quoi elles sont écôtées*. Les demi-feuilles ainsi obtenues sont confiées aux rouleurs*, les façonneurs de cigares qui occupent le sommet de la hiérarchie cigarière* et qui, armés de leur chavette, cet outil* d'acier qui sert au découpage des capes et des pastilles de fermeture, donnent naissance à ces *puros* qui sont tous des chefs-d'œuvre uniques.

Fagotage

Les cigares une fois roulés sont conditionnés en fagots de cinquante pièces (c'est le chiffre commun) retenues par un ruban de soie qui est le plus souvent de couleur jaune. Les cigariers* cubains appellent ces fagots demi-roues – l'expression vient de l'île, où une personne qui a atteint son cinquantième anniversaire est présumée avoir parcouru la demi-roue de sa vie. Les fagots sont placés dans d'immenses armoires de cèdre ou dans des sortes de comptoirs aux immenses tiroirs – le cèdre de Cuba* est le bois le plus ami du cigare. Ils y demeurent de quatre à huit semaines pour se reposer, c'est à dire refroidir, par dissipation des effets de leur troisième fermentation*, et sécher, car la souplesse indispensable à leur fabrication* exige une humidité supérieure à celle qu'ils doivent conserver pour être fumés dans les règles de l'art. Après ce stockage*, interviennent les ultimes contrôles de qualité. Les cigares sont vérifiés les uns après les autres, et sur chaque fagot est prélevé un cigare qui sera chirurgicalement étudié. Puis viennent le dernier tri fondé sur la couleur*, le baguage* et la mise en boîte*.

Roulage d'un havane, Cuba, 1988. Photographie de Sebastiao Salgado.

Maurice Sand,
*Franz Liszt
et George Sand.*
Lavis.
La Chatre, musée
George Sand.

Femme

On ne sait si le cigare, lorsqu'il se répandit, fut interdit aux femmes ou si elles se l'interdirent. Toujours est-il que le poids d'un certain conformisme, selon lequel il aurait été malséant pour elles d'emboucher un cigare pesa, semble-t-il, assez lourd au XIXe siècle. Rares furent celles qui s'y risquèrent et elles firent scandale, mais c'étaient des femmes libres, dont la plupart s'illustrèrent autrement qu'en jetant « leurs bonnets par-dessus les moulins ». George Sand en France*, est la plus célèbre. D'innombrables caricatures complétées d'acerbes légendes représentent une vitole* aux lèvres, dans des nuages de fumée* l'auteur de *La Mare au diable* et de cent autres livres, la maîtresse de Chopin et de cent autres amants. Marie d'Agoult, romancière sous le nom de Danièle Stern, planta mari, enfants, réputation, pour suivre Liszt, le compositeur, lui-

même amateur* acharné de havanes*. La passion joua-t-elle un rôle ? Toujours est-il qu'elle s'y mit et persévéra de bonne grâce. Le peintre Rosa Bonheur, qui n'aimait guère les hommes, raffola des cigares. De même la princesse de Metternich, effervescente épouse de l'ambassadeur d'Autriche à Paris sous le Second Empire. Elles firent des émules, mais justice oblige à dire, à une époque où l'hypocrisie sociale aurait été détruite, qu'elles ne furent jamais nombreuses.

Fermentation

La feuille de tabac peut rester vivante des années à condition de rester humide et c'est la fermentation qui lui donne toutes ses qualités. Les feuilles fermentent une première fois à la plantation, après passage dans les *casa de tabaco* ou hangars de séchage*. Séchage et première fermentation durent de vingt à soixante jours. Les feuilles fer-

Double page
précédente :
Mise en fagots
de cigares
de même taille,
Cuba, 1992.

mentent une deuxième fois après leur conditionnement en balles – les *tercios* – pour le tabac de tripe, ou en tonneaux de bois, pour le tabac de cape, avant leur envoi dans les fabriques. La troisième fermentation, en fabrique, avant le mélange*, dure de un à trois ans et peut s'étaler sur une décennie pour les plus grands tabacs. Elle est intermittente : les balles sont défaites, les tonneaux vidés, les feuilles aérées et humidifiées pour relancer le processus de bonification. Plus il est long, meilleur sera le tabac. La conduite de la troisième fermentation est un travail de précision, accompli par de grands spécialistes. On a comparé ces derniers aux maîtres de chais de Cognac, éleveurs et assembleurs d'eaux-de-vie. L'ultime maturation peut prendre des années, elle est surveillée par les marchands et les consommateurs en quête du moment où le cigare atteindra sa perfection.

■ Finca

La *finca*, c'est la ferme du paysan cubain. Une *finca* de tabac est une ferme tabacole. Les plus petites comptent moins de cinq hectares, les plus grandes – fermes d'État depuis la révolution* – plusieurs centaines, et une poignée d'entre elles dépassent le millier d'hectares. Petites ou grandes, elles produisent toutes leurs semences obtenues de plants* qu'on laisse fleurir (les boutons floraux des autres plants sont supprimés) pour en obtenir les graines, quarante jours après le repiquage. Elles possèdent toutes leurs pépinières où sont semées les graines, où les jeunes plants sont « conduits » jusqu'à une quinzaine de centimètres de hauteur, puis transplantés dans leurs champs définitifs. La récolte a lieu de quarante-cinq à quatre-vingt-dix jours plus tard selon qu'il s'agit de tabac de tripe ou de tabac de cape. Les feuilles cueillies une à une et

Première fermentation des feuilles de tabac, Cuba.

Finca
dans la vallée de
Vinales, Cuba.

triées aussitôt sont portées dans les *casa de tabaco*, hangars de séchage* en palmier, orientés est-ouest de manière que leurs flancs ne reçoivent le soleil qu'en début de journée et le soir, et dont les pignons sont percés d'ouvertures pour une aération optimum.

Cigares Cohiba
et Pleiades
de tous formats.

■ **Force.** Voir Couleur

■ **Format**

Avant la révolution* castriste, Cuba* fabriquait près d'un millier de types de cigares. Ce chiffre, après avoir chûté à quatre, juste après l'accession de Castro au pouvoir, est aujourd'hui réduit des deux tiers, et tendrait à augmenter. Les formats des cigares – longueur, diamètre et forme – définissent les modules*. Ces modules varient à l'infini, des *miscropicos* aux *immensas* ou *gigantes*. Parmi les plus discrets, figure le demitasse, appelé aussi lady finger. Le plus extravagant est sans doute le *culebras,* tordu et présenté en tresses de trois, qui « fait rire les enfants », selon un importateur d'Andorre. Voici les grands classiques. À côtés droits et parallèles, tête ronde et fermée, ce sont les demi-corona, petit corona, panatela (long et mince), corona, lonsdale, grand corona ou double corona ; ils mesurent de 7 à 24 centimètres

de long et de 11 à 20 millimètres de diamètre. À corps cylindrique, tête pointue et fermée, ce sont les perfecto et pyramidos, appelé aussi obus, variant de 10 à 18 centimètres de long et de 13 à plus de 20 millimètres de diamètre. À corps ventru, tête pointue et fermée, pied fermé pointu, le torpedo ou magnum, jadis module des grands de ce monde, mesure de 14 à 25 centimètres de long, et de 18 à 25 millimètres de diamètre.

■ France

Deux milliards de cigares sont vendus chaque année en France, en comptant les cigarillos*, de trois grammes de tabac au maximum, qui en représentent les neuf-dixièmes : Brazza, Carré d'As, Chiquito, Havanitos, Ninas, Senoritas... Le Cadre Noir est aujourd'hui le plus gros module* français. La tripe est cubaine, la cape camerounaise. Il est roulé à la machine à Strasbourg en quatre formats* : Sélection de Luxe (14 centimètres de long pour 1,5 centimètre de diamètre), Panatela (15,7 pour 1,6), Corona (14,3 pour 1,5), Imperiales (16,5 pour 1,6). Ces cigares devancent le Diplomate (10 centimètres sur 1,5) lancé après la guerre. Le Voltigeur, surnommé « le rouge », en tabac noir et corsé du Brésil*, mesure la même longueur. Le Picaduros et ses 7,7 centimètres est le seul entièrement fait de tabacs français, cultivés dans le Sud-Ouest. Hors Strasbourg, les cigares français sont fabriqués par la Seita* à Morlaix, dans les bâtiments de la manufacture* construite sous Louis XV. Du goût des amateurs*, Voltigeur, Picaduros et Campeones sont les marques qui ont le plus de caractère.

Affiche publicitaire de la Régie française des Tabacs, 1934.

■ Fumée

« Un cigare, c'est une fumée », remarquait Kipling dans un poème célèbre. Cette fumée est constituée de plus d'un millier d'éléments, dont la nicotine et les éléments olfactifs. C'est leur combinaison qui déclenche le plaisir du fumeur, et lui permet de goûter la saveur* d'un cigare. La nicotine passe dans le sang et, transportée au cerveau, y produit une excitation sensible et éphémère. L'odeur d'un cigare dépend d'un mélange* complexe d'odeurs primaires. Certaines sont fugaces, d'autres

*« Un Larrañaga procure la paix
Le calme vient avec un Henry Clay
Une femme n'est qu'une femme
Mais un bon cigare
c'est le repos du fumeur. »*

Rudyard Kipling.

lourdes et persistantes. Aussi l'odeur de cette fumée jusqu'à sa dissipation subit-elle une succession de transformations qui la modifient jusqu'à la dégradation finale et au refroidissement, toujours désagréables au nez. L'impression d'intensité olfactive de la fumée est inséparable de la nicotine qu'elle transporte, à son niveau d'absorption par l'organisme,

aux effets qu'elle y produit. C'est la nicotine qui provoque le rassasiement, ou la disparition de l'envie de fumer, bien connus des fumeurs de cigares. Une fumée très intense peut déclencher cette satiété bien avant que le cigare ne soit parvenu au terme normal de sa combustion* – entre les deux-tiers et les trois-quarts de sa longueur. La nicotine, alcaloïde toxique est à elle-même, dans le cas du cigare, son contrepoison.

▓ Fumoir

La puissante odeur du cigare, comme celle de la pipe, rebutant de nombreuses femmes* et beaucoup d'hommes aussi, les membres de la haute société du siècle dernier – américaine, alle-

mande, anglaise, autrichienne, française, russe...– adoptèrent l'usage du fumoir, pièce spéciale où l'on se retirait pour fumer cigares ou pipe. C'était l'occasion de causer entre hommes, vu la rareté des fumeuses. Les fumoirs ne furent pas réservés au domaine familial. Tous les clubs anglo-saxons et les cercles continentaux étaient équipés de fumoirs. La liberté de fumer

s'arrêtait là où commençait la gêne du voisin. Les fumoirs ont disparu des logements particuliers, même des plus luxueux, mais la séparation des amateurs* et des dégoûtés s'impose dans les lieux publics, pour des raisons officiellement sanitaires. Les impératifs de la santé* publique et de la protection sociale rejoignent la courtoisie des nantis du XIXe siècle.

■ Gastronomie

Même si l'on ne fume pas en mangeant, le cigare appartient désormais, comme les mets fins et les vins, au monde de la gastronomie. Créant de nouveaux plats, offrant à la cuisine française un second souffle, les grands chefs de notre époque, aidés par les médias, ont fait de la gastronomie un plaisir apprécié par un public de plus en

Jean Béraud (1839-1936), *Dîner aux Ambassadeurs*. Paris, Carnavalet.

plus large. Dans cet univers de gourmets, le cigare a désormais sa place. Des établissements renommés, comme les Trois-gros, proposent à leurs clients des cigares en fin de repas, au même titre que la carte des desserts ou des alcools*. Certains ont même ouvert des fumoirs* dans leurs salons où l'on déguste avec bonheur grands alcools et grands cigares. Mais pas n'importe quel cigare. Une dégustation de fruits de mer ne se conclut pas de la même manière qu'un dîner à base de gibier. La saveur* de tel havane* est rehaussée par le goût encore présent au palais de tel plat, savouré une heure auparavant ; il présente davantage d'affinités avec tel alcool qu'avec tel autre. Choisi avec soin, sur les conseils du restaurateur, le cigare constitue l'aboutissement d'un bon repas. Ainsi, il revient sur le devant de la scène, que ce soit à Paris, Londres, Zürich ou Madrid.

▮ Gérard Père et Fils

Les Gérard ont succédé à Zino Davidoff* dans la hiérarchie des négociants de havanes* ; ils occupent aujourd'hui la place qui était celle de l'inventeur des « Châteaux », la première à Genève, chacun sachant qu'en Europe et en la matière, il vaut bien mieux être premier à Genève que second partout ailleurs. Les Gérard, comme naguère Davidoff, connaissent tout du havane, du semis à la conservation*. Ils ont installé au Noga Hilton un paradis du *puro*. Cinq cents mètres carrés revêtus du même cèdre dont sont faites les boîtes* de havanes. Là, des centaines de boîtes, placées dans des armoires à température et humidité contrôlées, sont surveillées en

Gérard Fils.

permanence, tandis que des milliers d'autres sont soignées avec la même conscience dans des caves toutes proches du magasin. Les Gérard se distinguent aussi par leur purisme : ils n'admettent chez eux que des havanes. Le seul cigare, disent-ils, « qui joue plusieurs musiques » et soit comparable à de grands vins. Ils se rendent tous les ans à Cuba* à l'époque de la récolte. Ils participent à l'élaboration de modules* qu'ils vendent sans bague* sous l'appellation « Sélection Gérard ».
Ils ont lancé en Europe les cigares courts et trapus, au tirage* impeccable, tel le D4 de Partagas ou les Epicures de Hoyo de Monterrey. Les Cubains leur ont décerné la médaille des vingt-cinq ans de la Cubatabaco – distinction très rare. Ils sont enfin les seuls négociants à pouvoir afficher sur leur enseigne le sigle de cette institution.

▮ Guillotine. Voir Accessoire

Bachmann,
*Vue générale
de La Havane*,
XIXe siècle.
Gravure.
Madrid, musée
de l'Amérique.

HAVANE (LA)
Comment le cigare est devenu cubain

L'industrie du cigare se développe à La Havane en même temps qu'elle décline à Séville*. C'est en effet dans la capitale andalouse, à la fin du XVIIIe siècle, qu'ont été définies les normes du *puro*, ciagre de tabac pur que nous connaissons, composé* d'une cape, sous-cape et tripe distinctes. Avant son invention, qui dépend de la production de feuilles de cape assez résistantes et élastiques par la double maîtrise de leur séchage* et de leur fermentation*, les cigares étaient enveloppés de feuilles d'autres végétaux. Au début du XIXe siècle, les guerres napoléoniennes et le blocus maritime anglais coupent l'Espagne de Cuba*. Séville doit vivre sur ses stocks qui sont pillés par l'armée française, répandant dans toute l'Europe le goût du cigare. Coupés de leur métropole, les producteurs cubains commencent alors à travailler leurs récoltes eux-mêmes. Les premières marques* cubaines apparaissent à La Havane en 1810. La paix revenue, les transports maritimes se perfectionnant avec l'utilisation de la vapeur, les échanges avec l'Europe se multiplient. Les fabriques et leurs marques suivent le mouvement. Séville ne peut plus faire face à la concurrence de son ancien fournisseur. La liberté de culture et de commerce du tabac est accordée par l'Espagne à Cuba en 1817. Déjà, pour les raffinés, il n'est de cigare que de La Havane. En 1863, on y compte 516 fabriques, qui emploient 15 128 *tabaqueros,* sans compter les ateliers pénitentiaires de l'Arsenal, du Bagne et des forteresses de La Cabana et de la Carcel où travaillent les soldats punis. Le havane*, *nec plus ultra*, ne sera pas détrôné.

« L'île de Cuba possède incontesta-
blement une matière première
d'une exceptionnelle richesse,
élevée avec amour par une paysanne-
rie issue d'une très longue tradition » ;
cette affirmation, incontestable, du
maître dégustateur Gilbert Belaubre,
recoupe plusieurs siècles de témoi-
gnages, qui remontent à la découverte* de l'Amérique : le sol et le climat cubains produisent les meilleurs

refusèrent la victoire de Fidel Castro en 1959, « restent fades. Ils ne présentent qu'une faible longueur en bouche, concluaient les "oenologues du cigare" », écrivent Le Roy et Szafran dans leur traité* sur le cigare. L'intensité et la richesse olfactive de la fumée*, son harmonie, son agrément ou « distinction », sont toujours supérieurs chez le havane à ceux de tous les autres cigares, comme un Petrus peut l'être à un bordeaux ordinaire, ou un Montrachet à un bourgogne aligoté. La persistance enfin de la saveur* du havane, élément essentiel de qualité, est toujours plus longue que celle de toute autre cigare, si fort, voire brutal que puisse être le produit de la combustion* de certains tabacs, brésiliens* par exemple, ou italiens* comme ceux dont sont faits les Toscani. Le havane, si « terreux », si « boisé » qu'en puisse être le goût, procure à le fumer et laisse longtemps après une sensation de moelleux et de suavité unique. Les chimistes ont recensé plus de mille composants dans la fumée de tabac, le profane est incapable d'en nommer six, mais si un profane peut se tromper, des millions d'amateurs depuis quatre cents ans ne le peuvent pas s'ils s'accordent, et le havane met tout le monde d'accord.

tabacs du monde. Les Espagnols de Philippe II, les Anglais d'Élisabeth Ire, pourtant profanes en la matière, le reconnurent en même temps et avec eux, sans exception, tous les amateurs* du monde. Le goût du havane fait de tabacs de la Vuelta Abajo* est incomparable. Les cigares fabriqués avec une parfaite maîtrise, au Honduras*, à Saint-Domingue*, où que ce soit dans le monde, par les exilés qui

■ Honduras

C'est Zino Davidoff* qui lance en 1977 les cigares du Honduras, choisissant ce pays pour y fabriquer des *puros* haut de gamme qui ne seraient pas cubains. Avant lui, la réputation des cigares locaux n'avait pas franchi les frontières. Il installa ses plantations et ses ateliers dans une région où les Mayas cultivaient le tabac depuis des siècles, à Santa Rosa de Copan où ses techniciens découvrirent une fabrique fondée en 1785, la dernière du pays à posséder ses plantations. Il lança là la gamme Zino, le Zino Corona Extra, le Zino Long Corona, les Zino Mouton Cadet I et II. Certains Américains tiennent le Hoyo de Monterrey Excalibur du Honduras pour le meilleur cigare du monde. L'Américain Rothman et l'Anglais Dunhill* font fabriquer certains modules* au Honduras. Les produits de cette industrie sont aromatiques et doux. Ils remportent leurs plus grands succès aux États-Unis*.

Humidificateur.

De gauche à droite :
Pride of Jamaica,
Santa Clara (Mexique),
Fundadores (Jamaïque),
Don Pepe (Mexique),
Hoyo de Monterrey
Excalibur (Honduras),
Mocambo (Mexique),
Chivis (Honduras),
Steed (Jamaïque)
et Mocha (Honduras).

■ Hoyo de Monterrey.
Voir La Escepcion

■ Humidificateur.
Voir Conservation

■ Hygrométrie

Les deux grands ennemis du tabac sont la pluie et le vent – l'excès de pluie et les vents violents qui couchent les plants*. Moins il pleut dans l'année, moins les directeurs de plantations auront de soucis. Cette crainte d'un surplus d'eau est

déjà apparente dans le plus vieux texte cubain sur la culture* du tabac, daté du XVIIe siècle. C'est une lettre d'un planteur nommé Demetrio Pela, originaire des Canaries, à qui son associé indien, Erioxil Panduca, aurait confié : « Par la vertu des dieux, le tabac n'a besoin que de deux averses par mois. L'excès d'eau vole son miel. » Il est cependant très important que le taux d'humidité de l'air demeure élevé – de 70 % à 80 % – pendant la croissance de la plante jusqu'à sa maturité. Plus tard, la conservation* du cigare nécessitera elle aussi une certaine humidité.

■ Image

L'image du cigare, du vrai cigare, non pas du cigarillo*, n'est malheureusement pas bonne. Un regrettable automatisme – ils le sont tous dès qu'ils se substituent à la réflexion – associe le cigare à la richesse et à l'arrogance qui n'est que trop souvent son corollaire. Pourtant, s'il fut au début du XIXe siècle en France* d'abord l'apanage de la bourgeoisie, puis un signe de distinction adopté par les dandys*, il connut au

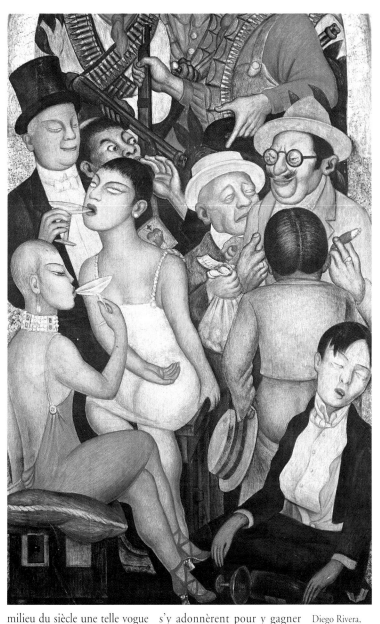

milieu du siècle une telle vogue que son usage ne se limita pas à un cercle réduit de nantis. Les militaires qui l'avaient fait connaître au temps des guerres de l'Empire ne l'avaient pas abandonné. Sous Louis-Philippe, de nombreux jeunes gens s'y adonnèrent pour y gagner leur allure virile. On se demandait du feu sans distinction de classe et à tout bout de champ. Ce dont se choquaient les gens « comme il faut ». Delphine de Girardin en 1844, blâmait un gracieux bourgeois d'avoir

Diego Rivera,
L'Orgie (détail),
1923-1928.
Fresque.
Mexico, ministère
de l'Éducation
nationale.

allumé son *puro* au « cigare suspect d'un homme affreux, sale, dégoûtant, une sorte de Robert Macaire désenchanté ». Ce mouvement de « démocratisation » fut stoppé en partie par la récession. Dès lors, le mauvais capitaliste fut toujours représenté par les caricaturistes – comme Daumier ou Gavarni au siècle dernier – cigare au bec, le plus souvent sous haut de forme, en habit de soirée, un rictus sardonique d'affameur aux lèvres. Or, si le capitaliste n'est pas innocent, le cigare l'est. Dans tous les pays producteurs du monde, y compris Cuba*, le cigare est bon marché, et tout le monde le fume.

▩ Implantation

Natif de l'Amérique tropicale, découvert avec elle, le tabac fut très vite implanté dans le monde entier, partout où le climat et le sol autorisaient sa culture*. Il fut cultivé en Espagne vers 1570 ; il apparut au Portugal vers 1520, apporté du Yucatan par l'Espagnol Hernandez de Toledo, ou selon une autre version, de Floride par le Hollandais Damien de Goes ; il fut importé en France* en 1556 par le cordelier André Thevet*, d'un retour d'un voyage au Brésil*.

Les navigateurs et marchands anglais, espagnols, français, hollandais, italiens*, portugais, le disséminèrent dans leurs « aires d'influence » respectives : l'Amérique du Nord, en Virginie, pour les premiers ; l'Amérique Centrale et du Sud, les Philippines pour les deuxièmes ; la Guyane, les Antilles françaises et la France pour les troi-

sièmes ; l'archipel de la Sonde, pour les quatrièmes ; la Turquie et le Proche-Orient pour les cinquièmes ; l'Inde, la Chine, le Japon, l'Angola et le Mozambique pour les derniers. L'engouement pour le tabac fut si vif que l'on essaya de le cultiver partout, y compris sous des latitudes qui rendait l'opération des plus hasardeuses. L'expansion coloniale européenne du XIXe siècle étendit quelque peu ces zones de culture – au Cameroun par exemple, d'où la France importe toujours du tabac – mais la carte des grandes régions tabacoles fut établie de bonne heure.

▩ Italie

Les Italiens fument très peu le havane*, mais ils cultivent depuis longtemps le tabac dans la plaine du Pô et en Toscane. Ils produisent un tabac très noir

Cigares Toscani, Italie.

et très âcre qu'ils utilisent à la fabrication* d'un cigare célèbre pour sa force et son amertume, le Toscani, bagué aux couleurs italiennes, qui est un élément marquant de la personnalité péninsulaire. Ce dernier a reçu en France* une caution littéraire* exceptionnelle. Le plus célèbre des personnages de Giono, Angelo Pardi, héros de la trilogie d'*Angelo*, du *Bonheur fou*, du *Hussard sur le toit*, allume un cigare toscan quand il est de bonne humeur. Les Italiens commencent toutefois à reconnaître les mérites du havane, mais il existe encore très peu de civettes dignes de ce nom dans ce merveilleux pays, si bien que les amateurs du nord, milanais, turinois ou vénitiens vont se fournir en Suisse.

◼ La Escepcion

C'est l'une des plus justement célèbres grandes marques* de havanes. José Gener, qui la déposa, était catalan. Il naquit à Lloret del Mar, près de Barcelone. Au début du XIXᵉ siècle, de nombreux armateurs établis sur la côte transportaient et vendaient le tabac cubain en Europe. Attiré à Cuba* par son oncle Miguel Jané y Gener, qui fabriquait des cigares assez grossiers sous le nom de La Majagua dans la province de Pinar del Rio, José Gener y débarque en 1831 à l'âge de treize ans. En 1851, il ouvre à La Havane* un magasin de vente de tabacs bruts où, toujours poussé par son oncle, il décide de fabriquer ses propres cigares, sous la marque La Escepcion, qu'il s'en fut déposer avec une faute d'orthographe. Il choisit de la maintenir une fois informé, car c'était un homme fier. La marque La Escepcion fit d'abord fortune aux États-Unis* et son module* de prestige était le Regalias, cylindrique à tête pointue. Mais José Gener, avant de fonder la Escepcion, avait acquis la plupart des terrains de Hoyo de Monterrey, et finit par favoriser cette dernière marque. Il la porta au plus haut degré possible de qualité, au point d'y absorber la première, qui demeure l'une des merveilles de l'île de Cuba.

◼ Lancette.

Voir Accessoire

Paul Verlaine, *Autoportrait en élégant*, 1889-1890.

◼ Littérature

Le XIXᵉ siècle littéraire empeste le tabac et surtout le cigare. La pipe était banale depuis deux cents ans lorsque le cigare s'imposa en Europe et fit fureur dans les milieux distingués. Les lettres alors étaient bourgeoises et c'est la reconnaissance de ces milieux que briguaient les auteurs. Balzac fait fumer le cigare à presque tous ses « lions », les militaires, les politiques, les financiers, les simples mondains. Lorsque le colonel Chabert, officiellement mort à Eylau, reparaît misérable à Paris des années après, et fait semblant de s'inquiéter de recouvrer sa fortune – en vérité, il s'en fout – et que l'avoué Derville compatit à son sort et lui remet un premier secours, sa première pensée est « Enfin, je vais pouvoir fumer des cigares ». Musset, qui aimait pourtant les femmes*, prétendra ne pas éprouver de plaisir plus grand que celui d'allumer un cigare. Rudyard Kipling, l'auteur du *Livre de la Jungle,* fit du tabac le compagnon constant de ses bâtisseurs d'empire – soldats, fonctionnaires, planteurs. On lui doit cette immortelle comparaison : « Une femme n'est qu'une femme, un cigare est une fumée », merveilleux exemple de misogynie britannique, davantage peut-être qu'hommage au cigare, d'autant plus savoureux qu'il figure dans le poème *Les Fiancés.*

Stendhal vante les noirs cigares d'Italie*. Baudelaire et Mallarmé, fumeurs eux-mêmes, le célèbrent – le cigare, en passant, n'est donc pas une manie de parvenus. Plus près de nous, c'est Giono qui se montre le plus insistant. Sans cesse, l'Angelo du *Hussard sur le toit* fume « de ces petits cigares très forts qu'on roule en Toscane et qui don-

nent, surtout fumés à jeun, une sorte d'ivresse ». En Provence, faute de cigares italiens, il fumera des *crapulos,* réjouissante invention de Giono. Le cigare protège Angelo de tout et d'abord de la mort, par choléra, par balle, par arme blanche. « Je suis sûr de penser à fumer au moment d'une charge », dit-il. Il n'est pas possible d'aller plus loin.

■ Manille

Les cigares dits de Manille, aux Philippines, connurent une fortune inouïe au XIXe siècle, au point d'être préférés aux havanes* par certains amateurs. « Il est possible de se consoler d'un havane absent par un bon manille. C'est composer, non

> « *Le cigare endort la douleur, distrait l'inaction, nous fait l'oisiveté douce et légère, et peuple la solitude de mille gracieuses images… ».*
>
> George Sand.

déchoir », écrivait encore Eugène Marsan en 1929 dans *Le Cigare*. Le tabac fut implanté* aux Philippines dès le XVIe siècle, apporté par les Espagnols. Aujourd'hui, le meilleur provient de l'île de Luçon et du bassin du fleuve Cagayan. Les feuilles sont marron clair, d'un tissu fin, mais plutôt pauvres ; on retrouve cette pauvreté à la dégustation avec une impression de cuisant assez fâcheuse. Elles se mélangent honorablement aux tabacs du Brésil* pour donner des produits convenables. Leur qualité actuelle et leur renommée passée amène à s'interroger, pour conclure qu'un savoir-faire a dû se perdre, que les planteurs d'aujourd'hui ne possèdent pas la maîtrise de leurs ancêtres et

que la qualité des feuilles elles-mêmes a baissé. Deux marques* principales défendent la réputation du « manille ». Alhambra, inconnue en Europe et la Flor de la Isabella.

Leurs modules* « distingués » coronas et grands coronas, commencent bien et finissent mal. Le meilleur est le populaire patte d'éléphant – épais rectangle côté pied, petite tête ronde coupée – de la Flor de Isabella, très dur et fort.

▪ Manufacture

Les premières manufactures européennes de tabac ont été fondées en Espagne au XVIIe siècle, non pas pour fabriquer des cigares mais du tabac à priser. Séville* produisait déjà

Léonard Defrance (1735-1805), *Visite d'une manufacture de tabac*. Liège, musée de l'Art wallon.

Page suivante : Claude Gellée, dit Le Lorrain, *Port de mer au soleil couchant*, 1639. Paris, Louvre.

81

ses premiers cigares en 1676 et c'est là que fut inventé le cigare moderne, complètement différent des produits rustiques du Nouveau Monde à l'époque de la découverte*. Mais les célébrissimes manufactures royales de Séville, – dont les bâtiments abritent aujourd'hui l'université d'Andalousie – ont été créées sous Ferdinand IV, en 1731.

La Hollande, alimentée par ses colonies des Antilles et d'Asie du Sud-Est*, notamment les îles de la Sonde, ouvrit ses premiers ateliers en même temps que l'Espagne. En France*,

Louis XV fit fabriquer en 1740 les premiers cigares en Bretagne, à Morlaix, superbe manufacture, où la Seita* continue de travailler le tabac et qui fut partiellement incendiée en 1995. En 1779, le Vatican accorda à un peintre allemand, Peter Vendler, une concession de cinq ans pour l'ouverture et l'exploitation d'une fabrique à Rome. La première manufacture allemande fut inaugurée en 1790 et les premiers ateliers américains ouvrirent leurs portes en 1810 dans le Connecticut. Au même moment, les fabriques se multipliaient à Cuba*, libérée du monopole espagnol, tandis que commençait pour Séville la fin de l'âge

d'or pendant lequel elle avait eu l'exclusivité de la fabrication* des *puros*. Les manufactures sévillanes devaient fermer définitivement leurs portes en 1900.

Marin

Les marins ont joué un rôle primordial dans la diffusion du tabac. Premiers arrivés sur les lieux de production et de consommation originels, ils ont été les premiers à fumer et les premiers dans tous les ports d'Europe à en faire, de ce fait, la propagande. Les marins s'adonnèrent rarement au cigare, ils choisirent la pipe, et la chique, pratique que certains capitaines soutenaient activement, pour réduire à zéro tous les risques d'incendie à bord. Si le cigare fut peu fumé hors des lieux de production, cela a beaucoup tenu à la qualité des modules*. Mal roulés, mal collés, les premiers « bâtons de tabac » ne se conservaient pas. Ils étaient destinés à une consommation immédiate et, la plupart du temps, c'étaient les rouleurs eux-mêmes qui les fumaient. Les premiers ports gagnés au tabac furent les espagnols et les portugais, bases de départ des découvreurs, Cadix, Séville*, Lisbonne... On fuma de bonne heure aussi à Rouen, à Dieppe, à Nantes et à La Rochelle. De même à Amsterdam. L'Angleterre, plus tard venue en Amérique Centrale, se mit au tabac vers le milieu du XVIe siècle. Mais ce furent les marins et négociants anglais qui l'apportèrent à la Russie, au début du XVIIe siècle.

■ MARQUE
Qualité et pérennité

La première marque de cigare connue, Bernardino Rencurrel, fut déposée à La Havane* en 1810. La même année, devait suivre la marque Cabanas y Carbajol. Mesure de protection contre les contrefaçons et la contrebande, la marque acquit très vite à Cuba* la valeur suprême : proclamation de qualité et de pérennité. La levée du monopole de Madrid, en 1817, entraîna un foisonnement de fabriques privées qui entrèrent en concurrence. Au milieu du XIXe siècle, la plupart des grandes marques aujourd'hui distribuées par Habanos S.A. avaient vu le jour. Partagas en 1827, Por Larranaga en 1834, Punch en 1840, H. Upmann en 1844, El Rey del Mundo en 1848, Romeo y Julieta* en 1850. Citons encore parmi les grandes : Arturo Fuente, Bolivar, Cifuentes, Hoyo de Monterrey (voir La Escepcion), Maria Guerrero, Rafael Gonzales, Sancho Panza... Mais si les noms se sont transmis, les propriétaires ont souvent changé. Une certaine effervescence a toujours distingué le capitalisme cigarier. Les fabriques et leurs marques étaient très souvent des affaires familiales, et comme telles, exposées au désintérêt ou à l'incapacité des héritiers. Elles étaient alors reprises, et le furent maintes fois, à la fin du XIXe siècle, par des sociétés américaines attirées par leur prestige. Il arrivait aussi qu'elles disparaissent sans fanfare, ainsi Antilla Cubana, La Imperiosa, Senora Cubana... L'arrivée au pouvoir de Fidel Castro entraîna leur suppression générale. Pragmatique, le révolutionnaire reconnut bientôt son erreur – les marques mondialement célèbres étaient un élément important du patrimoine cubain – et il en rétablit le plus grand nombre. Resta toutefois rayée de la liste la plus célèbre, Henri Clay, mais Henry Clay, dont elle avait pris le nom, était un homme politique américain, ardent protectionnniste...

Deux des marques les plus connues aujourd'hui sont de création récente : Montecristo*, lancée en 1935 par les frères Menendez, dont le numéro* 1 s'imposa aussitôt parmi les grands, et Cohiba, conçue pour être inégalable, Fidel Castro voulant en faire la marque de la révolution*. Les Cohiba ne sont peut-être pas toujours inégalables, mais ils sont souvent excellents. On peut citer aussi Quai d'Orsay, qui désigne des havanes fabriqués pour la Seita*.

Mélange

Le mélange des tabacs est l'opération capitale qui donne au cigare sa personnalité. C'est à la constance des mélanges que l'on peut reconnaître une marque*. Il s'agit de mêler des feuilles de différentes origines pour retrouver, d'une marque à l'autre et d'une année sur l'autre, le même goût – ce qui peut faire distinguer à l'aveugle un Punch d'un Hoyo. Si bien que le mélangeur est le vrai « chef de marque » et que sa responsabilité dans la permanence de la vitole* qui sera baguée* sous tel ou tel nom – en matière de force, de richesse, d'arôme et de goût – est totale. L'assemblage harmonieux de tabacs aussi riches que peuvent l'être les cubains de qualité est un miracle de l'expérience ; le métier d'expert en mélanges nécessite des années d'apprentissage mais aussi un certain don. Les principes paraissent simples : pour fabri-

Atelier du cigarier, Cuba, 1990.

quer tel grand cigare, on marie les feuilles basses les moins nourries de tel tabac de bon cru* qui poussent à l'ombre, aux feuilles hautes de tel autre cigare de grand cru, les plus riches ayant été constamment exposées au soleil. Mais restent les feuilles hautes du premier, très fortes et de second choix, et les basses du second, dont le goût est faible malgré sa qualité supérieure. Leur mariage donnera donc un cigare de beaucoup inférieur au premier, à partir des mêmes plants*. C'est la constitution de la tripe* qui détermine le goût du cigare puisqu'elle en forme la masse la plus importante ; après que le mélangeur a fait son office, intervient le *torcedor*, ou rouleur, qui compose la tripe avec les feuilles qui lui sont remises ; son coup d'œil et son doigté complètent l'expertise du mélangeur pour assurer l'homogénéité du cigare et la pérennité de la marque.

■ MODULE
Les multiples apparences du cigare

Le module, c'est l'apparence du cigare, son format*, son physique, l'ensemble de ses caractéristiques extérieures, forme, longueur, épaisseur et poids, moins la couleur* qui a son classement propre. Le terme est très souvent synonyme de taille. On parle de gros modules ou de petits modules. Il existe plus de neuf cent cinquante formes de cigares répertoriées dans les manufactures* de La Havane*, des *microscopicos* aux *immensas*. Les longueurs usuelles varient de sept à vingt-cinq centimètres, des demi-coronas aux doubles coronas ou magnums, les diamètres s'échelonnent de dix à vingt-cinq millimètres. C'est du rapport entre la longueur et le diamètre que dépend la force du cigare. Il faut également tenir compte de sa composition*, en observant la couleur et la qualité de la tripe, visible au pied du cigare. Le diamètre commande la vitesse du tirage*. Les grands diamètres tirent lentement, consumant doucement le cigare, évitant ainsi de l'échauffer ; la fumée* n'en est que moins âcre. Fumer un gros module n'implique donc pas que le cigare soit particulièrement fort. Mais sa saveur* emplira plus la bouche, permettant d'apprécier à sa juste valeur l'alliance parfaite de sa cape, sa tripe et sa sous-cape.

Boîtes
de Montecristo,
Cuba.

■ Montecristo

Le héros d'Alexandre Dumas (1802-1870), le comte de Monte-Cristo, n'est certainement pas étranger à la marque* de cigares du même nom. Mais, selon l'une des descendantes des frères Menendez, Dona Dina Menendez Bastiony, fille de Benjamin Menendez Garcia, puissant cigarier*, il y aurait eu coïncidence consciente plutôt que choix délibéré. C'était à La Havane*, en 1935, la famille était au café, préparant une excursion au mont Altube. La décision de lancer une marque de prestige pour le marché international était prise mais on ne lui avait pas encore donné de nom. On servit une bouteille de Lacryma-Christi, le fameux vin italien* du Vésuve. Monte Altube, Lacryma-Christi... Les deux mots associés chantaient ensemble et se trouvèrent contractés en Montecristo pour baptiser la marque à naître.

Mais la contraction ne se serait pas imposée sur-le-champ, si le nom de Monte-Cristo n'avait déjà, grâce à Dumas, fait le tour du monde.

En guise de conclusion, on pourrait toutefois se souvenir qu'à une époque bien plus ancienne, dans un traité intitulé *Flibustiers du Nouveau Monde* (1699), Oexmelin fait mention à plusieurs reprises d'un site appelé Monte-Christo, sur l'île de Saint-Domingue*, toute proche de Cuba*.

■ Nicot (Jean)

Jean Nicot (1530-1600) est l'homme qui a donné son nom au tabac, puis au principal des alcaloïdes qu'il contient. La nicotine est connue de tous ; on sait moins qu'en botanique le tabac se nomme *Nicotiana Tabacum.* Le Nîmois Jean Nicot, fils de notaire, secrétaire privé du roi et maître des requêtes, avait été envoyé en ambassade à Lisbonne pour négocier le mariage de l'infant Sébastien avec Marguerite de Valois, fille d'Henri II et de Catherine de Médicis. Les négociations échouent. Laissé sans nouvelles ni instructions, Nicot se prend d'intérêt pour une nouvelle herbe médicinale cultivée dans le jardin royal à partir de semences importées de Floride. En 1560, il expédie de Lisbonne à son protecteur, le cardinal de Lorraine, des plants* de ce qui était le tabac, en lui vantant leurs vertus – « J'ai recouvré d'une herbe d'Inde de merveilleuses expérimentées propriétés... ». Le prélat en fit prendre à la reine Catherine de Médicis pour soulager ses migraines. Le soulagement survint, le tabac était lancé, en tant que remède mi-

G. de Nangis, *Le Tabac ou Nicotianae,* XVIIIe siècle. Paris, Bibliothèque nationale de France.

racle, et prit durant très peu de temps le nom d' « herbe à la reine ». Nicot passa longtemps pour l'introducteur du tabac en France*. Mais il fut précédé de quatre ans par le cordelier André Thevet* qui avait rapporté du tabac du Brésil* en 1556 et l'avait cultivé dans le jardin de son couvent.

■ Numéro

Certaines marques* classent leurs cigares par numéros. Les numéros les plus connus sont ceux de Montecristo* et de Davidoff*, mais il y en a bien d'autres, dans de très grandes marques. On ne saurait dire que ces chiffres viennent « comme des cheveux sur la soupe », mais ils n'ont d'autre raison d'être que la fantaisie de

leurs nomenclateurs. Le Monte-cristo numéro 1 mesure dix-huit centimètres de long et le numéro 2, quinze et demi, mais le diamètre de celui-ci dépasse vingt millimètres et celui du premier est inférieur à dix-sept. Le plus grand cigare de la gamme s'appelle « A ». Pour-quoi passer des chiffres aux lettres ? Ce n'est qu'un exemple. Romeo y Julieta* pro-pose l'Exhibition numéro 4 et le Cedros de Luxe numéro 1. Davidoff un 2000, un 4000, un numéro 2, concurremment à ses « Châteaux ». Le cigare est affaire d'homme libre, de la plantation au fumeur.

■ Outil

Au stade final de la fabrication*, le cigarier* qui occupe le som-met de la corporation des *taba-*

queros, appelé rouleur ou *torcedor,* utilise deux outils, compléments très discrets d'une admirable activité manuelle : la calibreuse ou vitole, et la chavette. La vitole* est une planche épaisse présentant un certain nombre d'alvéoles correspondant aux modules courants. On y glisse les cigares finis pour contrôler la régularité de leur diamètre. La chavette est un petit croissant

d'acier à manche court, très affûté, qui sert à découper les feuilles de cape, à couper la tête des cigares, à préparer dans les chutes de capes les pastilles qui ferment la tête des cigares. Elle permet lors des dernières étapes du roulage* de donner par frottement de l'apprêt à la cape* du cigare, avant de l'étirer pour vérifier sa compacité et d'en couper le pied.

Découpage d'une pastille dans les chutes d'une feuille de cape à l'aide d'une chavette.

Ancienne puissance commerçante et colonisatrice, active notamment en Asie du Sud-Est*, la Hollande, dès le XVIe siècle, pratiqua le commerce du tabac. Après avoir été l'un des principaux pays fumeurs de pipes – l'école de peinture hollandaise en témoigne abondamment dès le début du XVIIe siècle – elle fut l'un des premiers pays d'Europe, avec l'Espagne et le Portugal, à fabriquer des cigares. Ses premières manufactures* datent de la fin du XVIIIe siècle. Par rapport au chiffre de leur population, les Pays-Bas sont aujourd'hui le premier producteur de cigares du monde, cigarillos* compris.

De quels cigares s'agit-il ? Les fabricants néerlandais se sont toujours approvisionnés dans les colonies hollandaises, qui pour l'essentiel étaient les îles de la Sonde, dont Java, Sumatra et Bornéo sont les principales, l'archipel portant le nom d'Indonésie. Ces îles produisent des tabacs de qualité, plus noirs et plus forts que ceux des Caraïbes, dont ils ne possèdent pas la suavité. Les meilleures zones tabacoles d'Indonésie sont, à Sumatra, le district de Medan, sur la côte nord-est de l'île, et, à Java, les secteurs de Vorstenlanden et de Besoeki. Les tabacs cultivés près de Medan, dans la province de Deli, depuis le XIXe siècle, sur semences havanensis (variété péruvienne acclimatée à Cuba* depuis plusieurs siècles) sont dotés de feuilles élastiques et lisses de grain très fin qui donnent des capes de grande qualité. Les autres tabacs, fins, brun clair, légèrement amers à la combustion*, manquent un peu d'arôme.

Les produits élaborés avec les tabacs du Sud-Est asiatique – provenant d'Indonésie et de Birmanie, où l'on fabrique des cigares depuis près de quatre siècles – sont réunis sous l'appellation « goût hollandais » qui recouvre une gamme de cigares très secs, plutôt âcres, sans grand arôme, légers, qui se fument très facilement. Les négociants d'Amsterdam et de Rotterdam distribuent ces cigares dans toute l'Europe du Nord. Leur goût s'y est si bien établi que les fabriquants de cigares allemands s'y sont conformés. Le havane* est très peu fumé en Europe du Nord.

■ PLANT
L'échelle des saveurs

Le tabac (*Nicotiana tabacum*) est une plante de la famille des Solanacées, originaire d'Amérique, à larges feuilles en fer de lance, à fleurs roses, qui peut frôler les deux mètres de haut. C'est une plante d'hiver dont la culture* en repiquage à partir de pépinières commence en octobre et s'achève fin mars-début avril. Les cultivateurs distinguent avec soin les différents étages de la plante. Ils en comptent six de bas en haut : *libre de pie, uno y medio, centro ligero, centro fino, centro gordo, corona* ; plus on monte, plus la feuille est riche en sève et en goût. On prélève de seize à dix-huit feuilles sur la plante en respectant ces paliers. Les premières cueillies sont les plus basses et pauvres, *libre de pie*, une semaine plus tard les suivantes et ainsi de suite jusqu'au *corona*. Les feuilles intactes et saines, de bonne taille, d'un vert profond, brillantes, au toucher de velours huileux, sont seules gardées pour les grands cigares destinés à l'exportation. Les autres vont à la consommation intérieure cubaine.

▦ Prix

Toute passion a son prix qui n'est jamais léger. Les grands tabacs sont rares, les grands cigares qui en sont issus aussi. Ce qui est rare est cher, les grands cigares n'y échappent pas. Ils sont faits à la main et ce n'est pas une figure de style. Pourtant, ni la rareté, ni les coûts de fabrication* n'expliquent seuls les prix en France* des havanes* et des meilleurs produits dominicains, eux aussi produits par une excellente main-d'œuvre. C'est l'impôt qui est responsable de la cherté de ces cigares. Suivant les prix pratiqués en 1995, le Cohiba Esplendido valait 123 francs à Paris, 54 en Andorre, la moitié à La Havane*. Le Montecristo numéro* 2 vaut 55 francs à Paris, 22 en Andorre, la moitié à Cuba*. Le Churchill de Romeo y Julieta* vaut 65 francs en France, 30 en Andorre... et ainsi de suite. Mais somme

Plants de tabac,
France.

toute, cela ne représente guère plus qu'une bonne bouteille de vin, ou une place de cinéma*, et l'amateur privilégiera toujours comme source de plaisir un Montecristo numéro 2 choisi* par ses soins, par exemple.

▌ Révolution

La prise du pouvoir par Fidel Castro en 1959 a fait trembler le monde du cigare. Les grands *marquistas* cubains – beaucoup étaient américains – étaient liés pour la plupart à l'ancien régime où rien ne fonctionnait sans corruption. Aussi émigrèrent-ils presque tous, parfois avec leur personnel, détenteur d'un précieux savoir-faire. Ulcéré – peut-être l'aurait-il fait sans cela – Fidel Castro décida la suppression de toutes les marques*, pour ne plus fabriquer qu'un seul havane* national et populaire en quatre modules, le Siboney, baptisé du nom d'un héros de la patrie. Malgré la désapprobation de l'Argentin Che Guevara qui s'était mis au cigare dans le maquis et pour qui tous les havanes étaient patrimoine cubain : « La canne à sucre et le café, écrivit-il, sont originaires de régions lointaines, apportés par les colonisateurs (…) le tabac, lui, est nôtre ». Les noms des marques de cigares qui avaient fait la gloire de Cuba* disparurent des façades de La Havane* et avec le Siboney arriva la catastrophe, car le nouveau cigare unique ne parvint jamais à se vendre hors de l'île. Les exportations s'effondrèrent. Castro fit alors marche arrière, rendit leurs terres aux petits exploitants, ne conservant dans le secteur public que les grandes *fincas** des « traîtres ». Le tabac était sauvé, pas encore le cigare. Les dirigeants cubains consultèrent Davidoff*. Il conseilla le rétablissement des marques et de leurs modules. Il fut écouté. La Cubatabaco – régie cubaine des tabacs – mit cinq ans, de 1960 à 1965, à remettre sur le marché des *puros* équivalents à ceux d'autrefois. L'échec du Siboney n'a sans doute pas été pour rien dans la décision de produire sous le nom de Cohiba, le « meilleur cigare du monde », revanche d'une erreur de jeunesse.

Ernesto Che Guevara. Affiche d'après une photographie de René Burri, 1963, Cuba.

De haut en bas :
roulage de la tripe
dans les feuilles
de sous-cape
puis de cape ;
confection de
la tête du cigare.
Cuba, 1992.

Romeo y Julieta

La marque* Romeo y Julieta fut fondée en 1850 à La Havane* par Inocencio Alvarez et Manin Garcia. Elle existe toujours, rue O'Reilly dans la vieille Havane. Avec Partagas, c'est l'une des deux vitrines du havane éternel tolérées par la révolution*. Tolérées et même exaltées car on y conduit les touristes. Lorsqu'il acheta Romeo y Julieta en 1903, le milliardaire Pepin Rodriguez se mit en tête d'acquérir à Vérone l'hôtel des Capulet, pour soutenir sa marque. Il ne parvint qu'à obte-

Boîtes de cigares
Romeo y Julieta.

nir la concession d'un débit de tabac dans le hall, à charge pour lui d'offrir un cigare à tout visiteur étranger. Aujourd'hui, les productions distribuées par Habanos S.A. sous cette marque fameuse sont dignes de sa réputation. Romeo y Julieta fabrique une douzaine de modules, dont les célèbres Churchill*, grands et gros, coronas très puissant dont elle inventa le format* et, selon la tradition, qu'elle fut la première à commercialiser sous ce nom. Romeo y Julieta produit aussi des *cazadores* si robustes que selon les Gérard*, spécialistes genevois, « c'est le cigare ou vous » !

Double page
suivante :
atelier de roulage,
Cuba, 1963.
Photographie
de René Burri.

Roulage

Le roulage est la fabrication* proprement dite du cigare. Il se décompose en neuf opérations dont l'enchaînement exige une précision parfaite. Le rouleur va d'abord préparer la tripe*, l'intérieur du cigare. De trois feuilles de tabac qu'il malaxe dans sa paume, il forme un cylindre. Il roule ensuite ce dernier dans une ou deux feuilles de sous-cape, selon la taille du futur module*. Les cigariers* nomment poupée ce premier assemblage. Autour viendra s'enrouler, en sens inverse, la cape, l'enveloppe finale du cigare. Mais auparavant, le rouleur étire la feuille de cape – ces feuilles sont les plus grandes et les plus belles d'une récolte – la lisse de manière parfaite et la découpe. De la réussite de cette opération dépendra toute l'esthétique du cigare. À ce stade, l'essentiel est déjà accompli. Reste alors à sectionner la tête informe du cigare, et à en confectionner une autre, d'aspect pointu, plat ou rond. Les têtes rondes et plates sont faites d'une pastille découpée à la chavette, l'outil* du rouleur, dans une chute de cape. Le cigare peut être désormais apprêté, lustré par frottement du plat de la chavette et par roulage sur une planchette. La tripe est étirée, par pressions douces, pour assurer la cohésion de l'ensemble. Enfin, le rouleur sectionne le pied et vérifie la régularité du diamètre. Ces neuf opérations exigent un savoir-faire qui ne s'acquiert qu'après plusieurs années d'apprentissage. Elles permettent de donner aux cigares *hecho a mano* une beauté et une qualité que n'atteignent jamais totalement les cigares roulés à la machine.

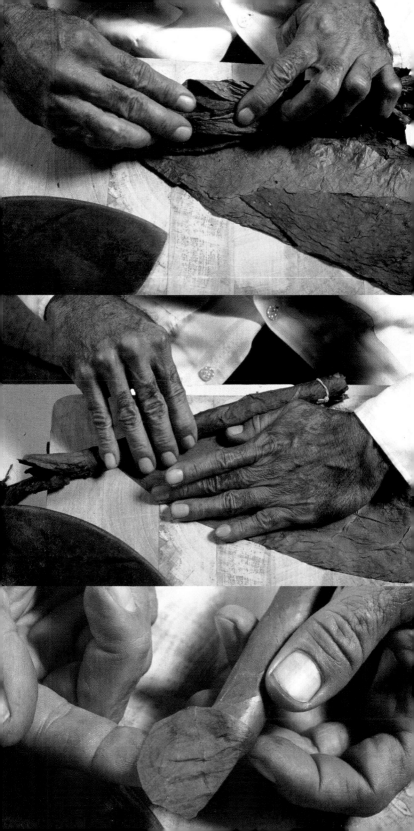

■ Saint-Domingue

Le cigare de Saint-Domingue a pris son essor après le triomphe de la révolution* cubaine. De nombreux *tabaqueros* s'y étaient réfugiés à la chute de Batista. Ils crurent pouvoir refaire en République dominicaine, dont le climat, l'hygrométrie* et la formation géologique sont les mêmes qu'à Cuba*, les mêmes cigares, s'efforçant de reconstituer une Vuelta Abajo* dans la *vega* Real au nord-est de l'île. Jamais la notion de cru* tabacole ne s'est mieux imposée qu'à la faveur de cette tentative. Stimulés par l'embargo américain contre Cuba qui leur ouvrait un marché immense, ils ont formé « la meilleure main-d'œuvre cigarière* du monde », de l'avis de Gilbert Belaubre, auteur d'un traité sur le cigare. Ils ont créé de nouveaux tabacs dont le très beau « piloto cubano », après l' « olor dominicano », déjà très honorable. Ils ont attiré la plupart des entrepreneurs qui s'étaient lancés dans le cigare après la guerre, aux Canaries, à la Jamaïque, à Porto Rico. La République dominicaine vient seconde après Cuba dans la hiérarchie des producteurs, pour la

Fabrique de cigares dans la plaine du Cibao, Saint-Domingue, 1991.

qualité. Certains amateurs les mettent sur le même rang. D'autres, les plus nombreux, font toujours la différence, en termes d'arôme et de puissance. Sont distribués en France* les quatre modules* de la marque Pléiades, les Don Julio, José Benito, Juan Clemente et la Vega Real. Avec quatre-vingt-dix millions de cigares vendus à l'étranger en 1994, la République dominicaine en est le premier exportateur.

■ SANTÉ
Le cigare avec discernement

« Nuit gravement à la santé », cet avertissement de la Sécurité Sociale figure depuis quelques années sur tous les emballages de tabac – tabacs pour la pipe, cigarettes, cigares. Considéré comme un médicament universel, de la fin du XVe siècle jusqu'à celle du XVIIe, le tabac est aujourd'hui reconnu pour un poison, cancérigène et facteur de troubles circulatoires. Son principal alcaloïde, la nicotine ($C_{10} H_{14} N_2$), qui lui a donné son nom scientifique, est un toxique puissant dont la nocivité est connue depuis le siècle dernier. « Demande à un fumeur que la nicotine empoisonne s'il peut renoncer à son habitude », lit-on dans Maupassant. Les grands fumeurs s'exposent sans nul doute à des risques cancéreux – cancers du poumon et de la gorge – et cardio-vasculaires. Le fumeur de cigare, puisqu'il s'agit

Club
des amateurs
de havanes, Paris.

▪ Saveur

Le goût du cigare dépend de sa fumée*. C'est la fumée qui arrive au contact des papilles gustatives du fumeur. Les molécules odorantes véhiculées par l'air entrent en contact avec la muqueuse nasale, laquelle est recouverte d'une pellicule liquide sous laquelle se trouvent les récepteurs olfactifs. La molécule pénètre dans le liquide pour être perçue par ces récepteurs. Il faut donc qu'elle soit soluble. Chez l'homme, vingt-cinq millions de neurones alimentent en informations le bulbe olfactif du cerveau où elles sont classées. Le cigare n'affecte qu'un secteur restreint de l'odorat. Le matériau est assez homogène ; à l'intérieur d'une variété de tabac, les nuances dépendent de la hauteur de la feuille sur la plante, donc de son exposition au soleil. La première sensation donnée par le cigare est son intensité olfactive,

William Bradley,
affiche pour
une cure de
désintoxication
du tabac.
États-Unis, fin
du XIXe siècle.
Paris,
bibliothèque des
Arts décoratifs.

du cigare ici, s'expose rarement aux doses dangereuses. Le cigare se fume lentement, se savoure, il est exclu d'en fumer sans trêve comme le font bien des fumeurs de cigarettes. Le tabac du cigare est si puissant qu'il rassasie vite et qu'il est exclu aussi d'en avaler la fumée* – la trachée et les poumons en sont préservés. Seuls de rares masochistes agissent ainsi. Che Guevara aurait été du nombre, mais c'était lui, par héroïsme. Il emplissait ses poumons de fumée pour défier l'asthme qui le tortura toute sa vie.

De plus, la teneur en nicotine du tabac des Caraïbes est l'une des plus faibles de tous les tabacs connus. Les Cubains ne manquent jamais de le souligner. Le prix* enfin est un obstacle aux consommations exagérées, donc dangereuses. Sans prétendre le cigare parfaitement inoffensif, du moins peut-on soutenir qu'il est le moins nuisible des produits à fumer.

son « corps ». Il dépend de l'ensemble des molécules odorantes et de la nicotine dégagées par la combustion*, en suspension dans la fumée où elles forment un aérosol. Une fumée plus ou moins chargée en ces éléments sera plus ou moins rassasiante, selon son « intensité », sa « corpulence », son « étoffe », sa « plénitude », pour reprendre le vocabulaire* des dégustateurs.

Une fumée intense peut être pauvre ou riche. Une fumée riche peut être équilibrée ou déséquilibrée. Qualité très recherchée pour un parfum, la persistance d'une fumée, si agréable soit-elle au départ est toujours un défaut, car les fumées se décomposent vite et toujours sans agrément.

On retrouve dans le cigare les bonnes odeurs suivantes : ail, cacao, camphre, cannelle, caramel, miel, musc, pin, poivron vert, réglisse, terre, truffe, vanille... Lesquelles peuvent voisiner avec de fâcheuses fragrances : civette, papier brûlé, savon... Il faut s'exercer beaucoup pour les distinguer les unes des autres.

Plus simplement, les principaux cigares, d'après une classification établie par Gilbert Belaubre, se distinguent comme suit : les havanes* sont les plus intenses et les plus riches (luxuriants) ; les dominicains sont francs et riches ; les mexicains, légers ; les honduriens* assez pauvres ; les jamaïcains, honnêtes, mais souvent piquants et assez âcres ; les nicaraguayens ont un beau corps et d'assez beaux arômes ; les brésiliens* ont peu de corps et beaucoup d'arômes ; les philippins sont pauvres et cuisants ; les javanais sont légers, équilibrés, très légèrement amers.

■ Sceau

L'apposition du sceau de garantie d'authenticité des cigares sur les boîtes* est la dernière opération avant la commercialisation. Dans le cas des havanes*, il s'agit d'une bande verte qui a été instaurée par une loi du 16 juillet 1912, pour combattre les contrefaçons déjà très nombreuses.

Cette bande porte à gauche dans un cartouche ovale les armes de la république, à droite dans un même cartouche, une vue de plantation sur le ciel de laquelle se détachent trois palmiers. Elle porte la mention Republica de Cuba en gros caractères et on y lit en quatre langues – espagnol, anglais, allemand et français : « Garantie du gouvernement cubain pour des cigares exportés de La Havane ». La contrefaçon n'en continue pas moins de faire rage. À Cuba* même, des fabriques clandestines jettent sur le marché, sous les noms des

plus grandes marques, de tristes objets à goût de paille ou de foin, mais c'est à Saint-Domingue* que serait concentré, en zone franche, le gros de cette industrie.

L'Union française des fabricants – le plus ancien organisme de lutte contre la contrefaçon – a mis sur pied en collaboration avec les Cubains, un « groupe de travail cigares » pour former

Apposition du sceau de garantie sur des Partagas, Cuba.

au repérage des contrefaçons les personnels des douanes, qui aujourd'hui ne disposent pas de « points de comparaison », comme il en existe pour les parfums ou les montres.

En 1994, les douanes ont confisqué 171 kilos de cigares, soit 8 500 pièces.

■ Séchage

Le séchage des feuilles de tabac commence aussitôt après leur récolte. Les feuilles coupées sont portées à la *casa de tabaco* ou chambre de bonification, pour y perdre leur humidité excédentaire. Les feuilles sèchent deux par deux cousues par le pédoncule avec un fil de coton, à cheval sur des perches de bois. Le séchage dure d'une vingtaine de jours à trois mois selon la provenance des feuilles – leur étage par rapport à la hauteur de la plante – donc leur destination : les feuilles de cape*, de souscape, de tripe. Les feuilles de tabac doux et de tabac fort ne sont pas séchées de la même façon et plutôt que séchage, le

terme mûrissement conviendrait mieux. La perte d'eau, dans ces chambres d'aération que sont les *casa de tabaco*, réduit le volume et l'épaisseur de la feuille, concentre ses arômes. Une feuille vraiment sèche est une feuille morte. Les feuilles s'amincissent mais restent souples et huileuses. Le *veguero* (planteur) veille sans cesse sur elles. Si le soleil est trop violent sur le toit de palmes, il arrose le sol ; s'il pleut trop longtemps, il fait du feu dans son hangar. Le séchage est obtenu par la circulation de l'air dans le hangar, dont les deux portes orientées est-ouest sont toujours ouvertes, de même les « fenestrons » qui criblent la partie supérieure des pignons. Lorsque l'humidité des feuilles tarde à diminuer, on les expose à l'air libre pour une « cure de soleil ». La « cure de feu », chauffage des feuilles, est utilisée pour fixer la chlorophylle lorsqu'on veut leur conserver la teinte verte qu'apprécient notamment les Américains.

Séchage manuel des feuilles de tabac, France.

Double page suivante : Sélection des feuilles de cape pendant le séchage, Cuba.

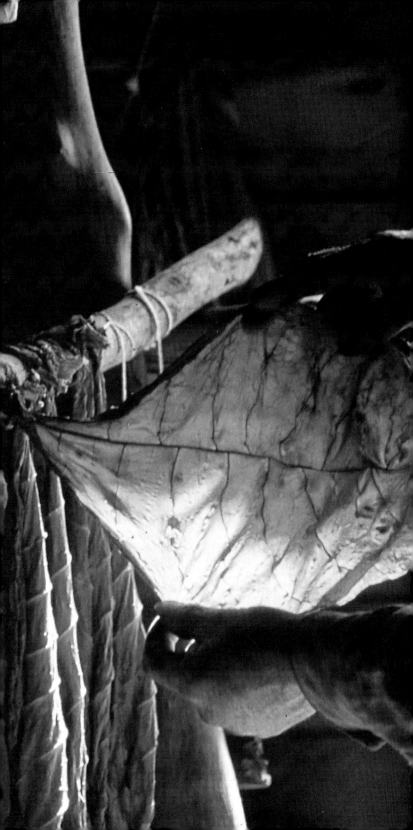

Le palais
El Laguito,
Pinar del Rio,
Cuba.

Secret

Quand on demande à visiter El Laguito – l'ancien palais de la marquise de Pinar del Rio – où Davidoff* fabriquait ses havanes*, aujourd'hui manufacture* du Cohiba, des difficultés s'élèvent, des travaux gâcheraient la visite... Si l'on insiste, on y parvient, mais c'est une grande faveur.

C'est que le monde du cigare a toujours été hanté par le goût du secret. Bien avant la révolution*, les fabricants faisaient mystère de tout, de leurs achats, de leurs mélanges*, comme si la simplicité de l'objet – du tabac dans du tabac – exigeait l'ajout d'une part d'opacité. Aujourd'hui, plus encore que jadis, le cloisonnement du travail et de l'information, tout au long de la chaîne du tabac, est général. Les producteurs ignorent dans quelle fabrique sont envoyées leurs feuilles. La composition des mélanges n'est jamais précisée. Les rouleurs ne savent pas pour quelle marque* ils roulent leurs cigares. Les raisons de ce secret sont aussi mystérieuses que ce secret lui-même.

Seita

L'ancien Service d'exploitation industrielle des tabacs et allumettes, héritier d'un monopole royal rétabli par Napoléon après son abolition par la Révolution, est devenu société anonyme en 1980 et société à capitaux privés le 24 février 1995. Fabricant et distributeur, la Seita a vendu en 1994, en France*, 600 millions de cigares fabriqués dans ses usines, dont plus de 95 % de petits modules (trois grammes de tabac au maximum), détenant ainsi 40 % de parts de marché. Exportatrice, la Seita est le numéro 2 des cigares en Europe. Les petits cigares où l'on retrouve presque tous les

tabacs du monde, constituent l'essentiel de son chiffre d'affaires en la matière. Ninas, Havanitos et Fleur de Savane sont ses marques les plus vendues. Plus de la moitié des cigarillos* Seita n'existaient pas il y a dix ans. C'est dans le domaine des grands cigares que la Seita est surtout importatrice. La gamme Pléiades est fabriquée pour elle à Saint-Domingue. Elle comporte treize modules dont il est vendu 200 000 unités environ par an en France (contre 500 000 aux États-Unis). La Seita entretient d'étroites relations avec La Havane*. Elle importe les marques Bolivar, Cohiba, Hoyo de Monterrey, H. Upmann, Montecristo*, Partagas, Por Larranaga, Punch, Quintero, Romeo y Julieta et Quai d'Orsay, dont la gamme est fabriquée en exclusivité pour elle à Cuba, qui lui fournit plus de 6 millions de cigares par an. La Coprova, pour sa part, filiale de Habanos SA, distribue sur le territoire français huit autres marques dont Belinda, El Rey del Mundo ou Fonseca.

Séville

La capitale de l'Andalousie fut, pendant plus de trois siècles, la capitale du tabac. La politique coloniale des puissances européennes fut longtemps celle du

François-Antoine Bossuet (1800-1889), *Séville.* Coll. part.

monopole : les colonies envoyaient tout à la métropole et en recevaient tout. Située sur le Guadalquivir, mieux abritée que Cadix et presque aussi proche de l'Atlantique, Séville fut très tôt désignée par la monarchie espagnole pour recevoir et contrôler les produits des Indes occidentales, nom donné alors à l'Amérique de Christophe Colomb. Ce sont les bureaux de la célébrissime Casa de Contratacion, dont le superbe bâtiment s'élève toujours à deux pas de la Giralda et où sont toujours conservées les fabuleuses « Archives des Indes », qui se chargeaient de ces opérations. Le tabac de Cuba* et d'ailleurs arrivait en feuilles à Séville, pour être travaillé sur place, la métropole ne dédaignant point de s'adjuger aussi la valeur ajoutée qui en résultait. Séville se distingua d'abord par la qualité de sa poudre à priser ; les amateurs* de l'Europe entière se la disputaient. Puis elle en vint au cigare, dès 1676, date de naissance des premiers ateliers. Il fallut attendre le XVIIIe siècle et la construction d'une grandiose manufacture* royale en 1731 pour que le *puro* que nous connaissons soit mis au point et parte à la conquête du monde. La guerre d'Espagne servira de déclencheur : les Français qui occupaient Séville et les Anglais qui les combattaient furent conquis par les cigares. La Havane*, où on fabriquait des cigares depuis toujours, mais des cigares primitifs, ne se lança dans la production de cigares de luxe, pour l'exportation, qu'à la même époque, vers 1810. Séville accepta de bonne grâce de passer le relais à la ville qui pendant trois siècles avait été son fournisseur.

■ Stockage

La première étape du stockage est la mise en boîte*. Les boîtes des havanes sont en cèdre de Cuba, bois poreux et inodore. Le dessous de la boîte est toujours laissé nu, sans étiquette ni *vista*, pour permettre à son contenu de s'oxygéner et de conserver, en atmosphère convenable, un bon taux d'humidité. Privé d'air, un cigare meurt comme tout ce qui est vivant, voilà pourquoi les cigares en tubes doivent être fumés rapidement, de même pour un cigare sous cellophane (celle-ci peut-être utile en climat tropical, pour le protéger de l'humidité ambiante excessive, mais elle est nuisible en Europe). Une fois mis en boîtes, les cigares sont stockés dans les fabriques ou dans les entrepôts du port de La Havane* pour stabiliser leur

humidité. Il faut une soixantaine de jours à partir de leur embarquement pour qu'ils parviennent dans les magasins européens. Ils subiront alors une quatrième fermentation, durant l'été qui a suivi leur fabrication*. Bien stocké et conservé, à l'abri de la chaleur, du soleil et du froid, un havane* peut vivre dix ans. Jadis, les célèbres Villar y Villar avaient la réputation de se conserver* bien plus longtemps encore.

Thevet (André)

Le cordelier André Thevet (vers 1503-1592), précédant Jean Nicot*, introduisit le premier le tabac en France*. Missionnaire de son état, il accompagna au Brésil* l'expédition de Villegagnon qui en 1555, devait fonder l'éphémère « France antarctique » à partir de la baie de Guanabara. Thevet trouva là-bas le tabac, comme d'autres Européens avant lui, en rapporta des plants* en France, et les cultiva dans son jardin d'Angoulême. En l'honneur de sa ville natale, il baptisa la plante angoumoisine, mais le nom ne resta pas. En 1558, il devint aumônier de Catherine de Médicis, historiographe et cosmographe du roi. Il donna la description du tabac dans sa *Cosmogonie universelle* et ses *Singularités de la France antarctique*, publié en 1556. Ses adversaires le traitèrent de fabulateur car c'est un livre plein de choses prodigieuses et invraisemblables. Mais son tabac était bien réel.

Mise en boîtes des havanes, Cuba.

André Thevet (1503-1592), *Autoportrait.* Gravure. Paris, Bibliothèque nationale de France.

Vista (détail),
Angleterre,
v. 1860. Paris,
bibliothèque des
Arts décoratifs.

◼ Tirage

Le tirage d'un cigare dépend de sa compacité, de son humidité et de son diamètre. Trop serré, un cigare ne tire pas. Trop sec, il brûle plutôt qu'il ne se consume. La régularité et la facilité de la combustion* dépendent beaucoup du diamètre du cigare. Les gros modules* tirent mieux que les minces – c'est à peine si le fumeur a besoin d'aspirer –, ils se consument plus régulièrement, ont moins tendance à s'éteindre. Un cigare en bon état, bien incisé et allumé*, se consume presque tout seul, le fumeur n'intervenant que pour son plaisir, mais jamais pour maintenir la vitole* allumée. Tirer pour entretenir un feu défaillant est un exercice désespéré, qui occasionne de vilaines grimaces, pour rien. Fumer un cigarillo* demande plus de vigilance que fumer un double corona. Les néophytes devraient s'initier avec de gros cigares plutôt qu'avec des petits, malgré le risque de s'attacher pour toujours aux premiers.

◼ Tripe. Voir Composition

◼ Vista. Voir Boîte

◼ Vitole

Le mot vitole est synonyme de cigare. À l'origine, il désignait seulement la planchette de bois trouée qui sert à les calibrer. Il désigne aujourd'hui le cigare tout entier, le dehors, le dedans, ses qualités, ses défauts, alors que le mot module*, étalon de mesure – « Le mètre est le module des longueurs » (Littré) – ne concerne que sa forme et ses dimensions, longueur et diamètre. Le mot vitole est cependant plus précis que le mot

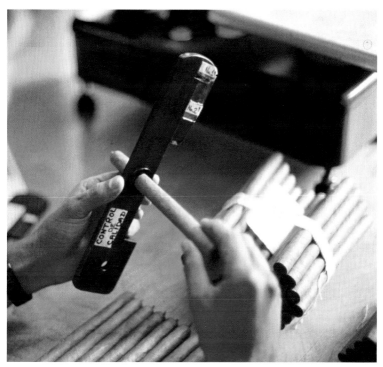

Calibrage d'un cigare, Vuelta Abajo, Cuba, 1990.

cigare, car il implique aussi la notion de marque. L'employer seul le laisse inutile, ne se référant à rien ; l'employer à bon escient implique la connaissance de la marque et du module du cigare en question, ou le désir de les connaître : « – Qu'est-ce que cette vitole ? – Un Lusitania de Partagas. » Le rapport entre vitole et marque* est si étroit que l'on appelle vitolphiles les collectionneurs de bagues* et vitolphilie leur activité.

Vocabulaire

La qualité d'un cigare et le plaisir de le fumer mettent en jeu un grand nombre de mots. Il n'est que le vocabulaire du dégustateur de vins qui soit comparable à celui du dégustateur de cigares. L'intensité, la richesse, l'équilibre et la persistance sont les quatre éléments à partir desquels se juge un cigare. L'intensité correspond au « corps » d'un vin ; elle dépend de la combinaison de la nicotine et des éléments olfactifs en suspension dans la fumée*. La richesse correspond à la variété des odeurs composant la fumée. L'équilibre correspond à l'harmonie des odeurs en question, qui peuvent se combattre. La persistance, notion chère aux parfumeurs, c'est la durée du bouquet d'odeurs que dégage la fumée avant de se décomposer, de se refroidir, de finir en remugles résiduels désagréables. À l'intérieur de ces catégories, tous les mots relatif aux saveurs* et aux parfums sont mobilisables, à partir des quatre notions de base : sucré, salé, acide, amer. Il y a le terreux, le poussiéreux, l'herbeux, l'iodé, le brûlé, et aussi la cannelle, l'opium, la vanille...

Pages suivantes : manufacture de tabac, Vuelta Abajo, Cuba, 1990.

■ VUELTA ABAJO
Les meilleurs tabacs du monde

La Vuelta Abajo est au tabac ce que le domaine de la Romanée-Conti est au bourgogne et le Château Petrus au bordeaux, le *nec plus ultra*. Ce territoire produit, de l'avis unanime, les meilleurs tabacs du monde. Vaste de quarante mille hectares, il représente moins de 2 % de la surface de Cuba, et s'étale autour de la ville de Pinar del Rio, fondée par les Espagnols en 1774 dans l'ouest de l'île.

Fait étrange, les Espagnols implantés* dans la région depuis le début du XVIe siècle et grands amateurs de tabac, au moins pour les revenus qu'ils en tiraient, ne découvrirent les exceptionnelles qualités tabacoles de ce terroir que dans le dernier tiers du XVIIIe siècle, à partir de 1772.

Plus étrange encore, la qualité des tabacs de la Vuelta aurait, à cette date, été connue depuis longtemps des corsaires et contrebandiers européens, notamment français*, qui hantaient les côtes cubaines depuis les débuts de la colonisation espagnole. Coïncidence ? Le triomphe universel du havane* a commencé avec le XIXe siècle, le temps que les nouveaux crus de la Vuelta Abajo se fassent – officiellement – apprécier...

La terre de la Vuelta est rouge et sablonneuse, d'un grain extrêmement fin. Elle est divisée en *vegas* ou terroirs, ou crus* – les meilleurs étant ceux de San Juan y Martinez, la *vega* 12, et de San Luis, la *vega* 13. La région produit 40 % de la récolte totale de Cuba.

Les plantations de tabacs de cape sont le plus souvent recouvertes d'immenses voiles de coton blanc – les *tapados* – soutenus par des perches à un peu plus de deux mètres de hauteur. Ces étendues neigeuses apportent au paysage tropical une touche fantastique. Les *tapados* protègent les précieux plants* de l'excès de soleil en le tamisant, et du vent car chacun d'eux est attaché à l'armature du voile par un fil qui le maintient bien droit et favorise en même temps une exposition idéale à la lumière.

LES CIGARES (HORS HAVANES)

Marques et vitoles	Origine	Format	Saveur
ARTURO FUENTE	Saint-Domingue		Cigares faciles ou légers.
Canones		double corona	Les arômes sont riches,
Château Fuente		double corona	la puissance est faible.
Petit Corona		petit corona	Fabrication irréprochable.
Corona Grande		grand corona	L'Especiales est un des
Double Corona		double corona	meilleurs de la marque et de
Especiales		grand corona	Saint-Domingue. Beaucoup
8.5.8.		churchill	d'arôme et d'agrément.
N°4		corona	
Épicure		robusto	
Réserve Supérieure N°3		corona	
Réserve Supérieure N°4		corona	
DAVIDOFF	Saint-Domingue		Gamme de belle qualité.
N°1		double corona	Des arômes, peu de corps.
N°2		corona	Faciles à fumer. Le 4000 est
1000		panatella	légèrement épicé, agréable.
2000		demi-tasse	
3000		demi-corona	
4000		grand corona	
5000		churchill	
DON CARLOS	Saint-Domingue		Mélange facile à fumer.
Réserve Supérieure		robusto	Équilibré, un peu faible.
FLOR DEL CARIBE	Honduras		Cigares corrects.
Corona		corona	Plutôt pauvres. Intéressants
Double Corona		double corona	dans les gros modules.
Robusto		robusto	
JUAN CLEMENTE	Saint-Domingue		Cigares très bien faits.
Gargantua		double corona	Agréables, sans personnalité
Corona		corona	très marquée.
Fagot		corona	Le Grand Corona est
Demi-Corona		demi-corona	un cigare honnête et frais,
Gigante		robusto	rustique, au goût terreux.
Especiales N°2		grand corona	
Grand Corona		grand corona	
Churchill		churchill	
Rotschild		robusto	
Club Sélection N°1		double corona	
Club Sélection N°2		petit churchill	
Club Sélection N°3		churchill	
Club Sélection N°4		corona	
Obelisco		double corona	
PLÉIADES	Saint-Domingue		Belle gamme, facile à fumer,
Aldebaran		double corona	riche en arômes.
Antares		petit corona	L'Orion est un cigare
Centaurus		corona	équilibré, à la saveur herbacée
Orion		corona	séduisante.
Pluton		robusto	
Sirius		churchill	
VILLA GONZALES	Honduras		Cigares rustiques, costauds,
Corona		corona	risque d'âcreté.
Petit Corona		petit corona	

Nous tenons à remercier pour leur aide dans la préparation de ces tableaux des cigares disponibles en France M. François Sehpossian de la Seita, M. Philippe Guenneteau, président directeur général de la société SODITAB et M. Peter Lauret, propriétaire de La Cave à Cigares, Paris.

LES HAVANES

Marques et vitoles	Longueur (en mm)	Diamètre (en mm)	Saveur
BELINDA			Gamme moyenne de havanes fort
Panatela	117	13,89	honnêtes, mais assez irréguliers quant au
Princess	110	13,89	corps et à la richesse.
Petit Corona	129	16,67	
Corona	140	15,87	
Petit	108	12,30	
Preciosa	100	12,70	
Superfino	125	15,48	
BOLIVAR			La gamme se caractérise par sa robustesse
Corona Extra	143	17,46	et sa simplicité. Beaucoup de corps.
Petit Corona	129	16,67	Le fleuron de la gamme est le Corona
Lonsdale	165	16,67	Extra : épicé, terreux, puissant et corsé.
COHIBA			Gamme récente dont les produits sont
Corona Especiale	152	15,08	élaborés avec le plus grand soin. Beaucoup
Lancero	192	15,08	d'arômes, peu de corps.
Panatela	115	10,32	Le Corona Especiale est l'un des meilleurs
Exquisito	126	13,10	coronas du marché : goût de miel, fruité
Robusto	124	19,84	et boisé.
Esplendido	178	18,65	
Siglo I	102	15,88	
Siglo II	129	16,67	
Siglo III	155	16,67	
Siglo IV	143	18,27	
Siglo V	170	17,07	
FLOR DE JUAN LOPEZ			Très bons cigares de tradition. Bien équilibrés. Du corps et de la richesse.
Panatela Superba	125	13,49	Le Sélection N°2 est un excellent robusto,
Corona	142	16,67	aromatique et onctueux. Très agréable
Petit Corona	129	16,67	à fumer.
Sélection N°1	143	17,46	
Sélection N°2	124	19,89	
FLOR DE RAFAEL GONZALEZ			Vieille marque. Le Lonsdale et les Petit Corona sont souvent de bons cigares,
Lonsdale	165	16,67	très bien faits, subtils, beaucoup de saveur.
Panatela	117	13,49	
Petit Corona	129	16,67	
Cigarrito	115	10,32	
FONSECA			Marque discrète. Cigares d'« été », doux et
Fonseca N°1	162	17,46	légers, de bonne combustion, conviennent
Invicto	134	17,86	très bien aux débutants.
Cosaco	135	16,67	Le Cosaco est idéal pour commencer
K.D.T. Cadetes	115	14,29	à découvrir le havane.
Delicias	123	15,87	

Suite du tableau > p. 116

L E S   H A V A N E S (suite)

Marques et vitoles	Longueur (en mm)	Diamètre (en mm)	Saveur
LA GLORIA CUBANA			Dans la grande tradition. Plutôt légers
Médaille d'Or N°1	185	14,29	mais avec beaucoup d'arômes.
Médaille d'Or N°2	170	17,07	Le Médaille d'Or N°2 est un excellent
Médaille d'Or N°4	152	12,70	churchill, capiteux et fruité, mais jamais
Sabrosos	155	16,67	agressif.
Tainos	178	18,65	
HOYO DE MONTERREY			Parmi les fleurons du havane, toujours très soignés. Très riches et beaucoup de corps.
Hoyo des Dieux	155	16,67	Le Hoyo des Dieux est un grand corona
Hoyo du Gourmet	170	13,10	de combustion facile, équilibré.
Hoyo du Roi	142	16,67	
Hoyo du Prince	130	15,87	
Hoyo du Dauphin	152	15,08	
Palmas Extra	140	15,87	
Épicure N°2	124	19,84	
MONTECRISTO			La gamme la plus vendue dans le monde.
Joyitas	115	10,32	Des irrégularités dues à l'importance de la
Montecristo N°1	165	16,67	production. Beau corps et de la richesse.
Montecristo N°2	156	20,64	Le N°2, l'« obus » de Montecristo,
Montecristo N°3	142	16,67	est bourru et puissant, très corsé,
Montecristo N°4	129	16,67	pour amateur averti.
Montecristo N°5	102	15,87	
Montecristo Especial N°2	152	15,08	
Montecristo Especial	192	15,08	
PARTAGAS			Marque très ancienne et très célèbre
Belvedere	125	15,48	considérée à La Havane comme l'étendard
Chico	106	11,51	du havane. Les gros modules sont de très
Petit Bouquet	98	14,68	beaux produits, costauds et subtils.
Corona Senior	132	17,46	Le Série D N°4 est puissant, d'arôme
Partagas de Partagas N°1	170	17,07	magnifique, épicé et rond.
8/9/8	170	17,07	
Lusitanias	194	19,45	
Série D N°4	124	19,84	
POR LARRANAGA			Vieille marque, assez délaissée aujourd'hui.
Montecarlo	159	13,89	
PUNCH			Une grande gamme équilibrée. Du corps
Palmas Reales	140	15,87	et de la richesse.
Margaritas	121	10,32	Le Punch Punch est un excellent corona.
Punch Punch	143	18,26	Épicé, puissant et équilibré.
QUAI D'ORSAY			Très belle gamme, riche en arôme.
Corona Claro	142	16,67	Le Grand Corona est très franc de goût,
Grand Corona	155	16,67	terreux et mat.
Imperiales	178	18,65	
Panatela	178	13,10	
QUINTERO			Cigares plutôt rustiques.
Panatela	127	14,29	
Purito	106	11,51	

Marques et vitoles	Longueur (en mm)	Diamètre (en mm)	Saveur
EL REY DEL MUNDO			Marque ancienne, surprend par
Corona de Luxe	142	16,67	ses variations. Le corps l'emporte sur la
Choix Suprême	127	19,05	richesse. Le Choix Suprême est un robusto
Demi Tasse	100	11,91	léger, aromatique, facile à fumer.
Grand Corona	143	18,26	
Grandes de Espana	192	15,08	
Lonsdale	165	16,67	
Elegante	175	11,11	
Tainos	178	18,65	
Petit Corona	129	16,67	
ROMEO Y JULIETA			Grande gamme. Beaux cigares riches et
Cedros de Luxe	129	16,67	puissants. L'un des fleurons du havane.
Churchill T/A	178	18,65	Le Churchill T/A est très riche et puissant.
Petit Julieta	100	11,91	Pour amateur averti.
Regalias de Londres	117	15,87	
Sport Largos	117	13,89	
Mille Fleurs	129	16,67	
Petit Princess	102	15,87	
Petit Corona	129	16,67	
Corona	142	16,67	
Chico	103	11,51	
Belvedere	125	15,48	
Coronita	129	15,87	
SANCHO PANZA			Gamme de faible diffusion et d'excellents
Sancho	235	18,65	produits. Parmi les meilleurs.
Molino	165	16,67	Le Molino est un des meilleurs grand
Non Plus	129	16,67	corona du marché, très aromatique.
Belicoso	140	20,64	
STATOS DE LUXE			Cigares rustiques, honnêtes mais assez
Brevas 1 Mazo	140	15,87	« courts ».
Selectos	140	15,87	
H. UPMANN			Très ancienne marque. Gamme étendue.
Aromaticos	129	16,67	En déclin.
Corona major T/A	132	17,46	
Majestic	140	15,87	
Petit Upmann	108	12,30	
Preciosa	100	12,70	
Regalia	129	16,67	
Épicure	110	13,89	

T A B L E A U   D E S   F O R M A T S

	Diamètre (en mm)	Longueur (en mm)		Diamètre (en mm)	Longueur (en mm)
Mini panatella	10-12,4	< 120-130	Corona	15-17,5	< 120-140
Slim panatella	10-12,4	>130	Grand corona	15-17,5	> 150
Demi tasse	12,4-14	< 120-130	Petit churchill	17,5-19	< 120-130
Panatella	12,4-14	> 130	Churchill	17,5-19	> 130
Demi corona	15-17,5	< 100	Robusto	> 19	< 120-130
Petit corona	15-17,5	< 100-120	Double corona	> 19	> 130

I N D E X

BIBLIOGRAPHIE SÉLECTIVE

La Seita, *L'Encyclopédie du tabac et du fumeur*, Paris, 1984.

Pierre Faveton, *Autour du tabac*, Paris, 1988.

Benigno Cacerès, *Si le tabac m'était conté*, Paris, 1988.

Bernard Le Roy et Maurice Szafran, *La Grande Histoire du cigare*, Paris, 1989.

Gilbert Belaudre, *Cigares, de l'initiation à la maîtrise*, Suresnes, 1992.

Jean-Claude Perrier, *Petite Mythologie du havane*, Paris, 1992.

Anwer Bati, *Le Livre du cigare*, Paris, 1995.

Gérard Père et Fils, *Le Guide de l'amateur de havane*, Paris, 1995.

Gérard Père et Fils, *L'Univers du havane*, Paris, 1995.

Directeur de la Série Art de Vivre : Stéphane MELCHIOR DURAND

Assistante édition : Béatrice PETIT

Rewriting : Élisabeth ANDRÉANI

Direction artistique : Frédéric CÉLESTIN

Infographies : Thierry RENARD

Fabrication : Bruno BREDOUX

Photogravure, Flashage : Pollina s.a., Luçon

Papier : BVS-Plus brillant 135 g. distribué par Axe Papier, Champigny-sur-Marne

Couverture imprimée par Pollina s.a., Luçon

Achevé d'imprimer et broché en juin 2000 par Pollina s.a., Luçon

Remerciements à Guillaume d'OLÉAC

© 1996, Flammarion, Paris

ISBN : 2-08-012483-X

ISSN : 1258-2794

N° d'édition : FA 2480-11

N° d'impression : 80827

Dépôt légal : novembre 1996

Imprimé en France